心里的话

一个大学辅导员的网络微日志

YIGE DA XUE
FU DAO YUAN
DE WANG LUO
WEIRIZHI

张家玮 ◎ 著

天津社会科学院出版社

本书由天津市哲学社会科学规划项目（TJKSWT16-024）

资助出版

图书在版编目（ＣＩＰ）数据

心里的话：一个大学辅导员的网络微日志 / 张家玮
著. -- 天津：天津社会科学院出版社，2017.4
ISBN 978-7-5563-0353-3

Ⅰ. ①心… Ⅱ. ①张… Ⅲ. ①高等学校－辅导员－工
作－文集 Ⅳ. ①G645.1-53

中国版本图书馆 CIP 数据核字 (2017) 第 076880 号

出版发行：天津社会科学院出版社
出 版 人：钟会兵
地　　址：天津市南开区迎水道 7 号
邮　　编：300191
电话/传真：（022）23360165（总编室）
　　　　　　（022）23075303（发行科）
网　　址：www.tass-tj.org.cn
印　　刷：北京建宏印刷有限公司

开　　本：787×1092毫米　　　1/16
印　　张：17.5
字　　数：370千字
版　　次：2017年4月第1版　　2017年4月第1次印刷
定　　价：48.00 元

PROLOGUE
序

　　家玮要将自己的网络博文结集出版，我很是高兴，他希望我能写些鼓励的话，我欣然答应。我想，如果我们每位辅导员都能像他这样，结合工作和切身感受利用新媒体及时发声，和大学生深入交流思想、畅谈理想、追寻梦想，传播好声音，弘扬正能量，这会是多么有力有效的思想政治工作啊。因此，我对他长期以来坚持不断地写博文表示高度赞赏，并向大家隆重推荐这本虽然说不上成熟但绝对是来自一线学生工作经历经验且饱蘸浓郁生活气息的博文集。

　　《中共中央国务院关于进一步加强和改进大学生思想政治教育的意见》里明确提出，辅导员要主动占领网络思想政治教育的新阵地。十年过去后，这支拥有十几万人的队伍不仅占领了网络这块阵地，而且生根发芽、茁壮成长。本书通过辅导员博客这一新颖载体，全方位展示了高校辅导员对大学生进行的"青春导航"。

　　这是一本一线辅导员的网络日记，家玮老师在中国大学生在线、腾讯网、新浪网开设博客，经过多年的积累与维护，博客有了长足的进步与发展，他自己也拥有了一定的粉丝，连续 9 年的工作，撰写了百余万字的博文，其中选取了 2015 年之前写的 100 余篇 20 万字结集成册，从一个侧面展示了辅导员是如何利用网络开展思想政治教育工作的。文章的写作灵感来源于他的真实的生活，辛勤的工作，月心的琢磨。博文里的内容洋溢着辅导员对学生的热爱，对工作的思考，对生活的感悟。字里行间融入了对学生心贴心的关怀，心连心的沟通，老师与学生的情谊。

我和家玮熟识是在 2011 年，受团中央委派，家玮去了甘肃省定西市陇西县开始为期一年的挂职工作。2011 年 5 月，我和学校相关部门的老师一起去甘肃慰问支教学生和在团县委工作的他，不大的办公室被家玮收拾得井井有条，墙二贴满了他业余时间创作的山水画。

一年的时间里，他走遍了全县各乡镇，通过网络发布了 70 篇《西部日记》，为同学们打开了一扇了解西部的窗户。他撰写了 3 篇调研报告，并被刊载在《中国共青团》上。尤其值得一提的是，他在当地举办了《山水雅静》中国画作品展，时任天津团市委书记刘道刚同志与定西市人大常委会主任秦素梅同志亲自去当地参观展览。他还利用网络积极开展公益活动，为当地白血病孩子募捐，将自己的书画作品通过拍卖的善款全部捐给希望工程。

从甘肃回来后，家玮依然活跃在网络思政教育的阵地上。2012 年我苔领科研团队承担了教育部课题《大学生互联网使用状况研究》，家玮积极参与并禀担了一项子课题，同期他自己也申请了天津市课题，将辅导员博客建设作为自己的研究方向。我很赞同年轻辅导员带着问题去工作，在工作中探寻答案。家玮在网络上的坚持帮助他在科研上有了更广阔的思路。

家玮的博文并不是一味的说教，更多的是分享自己的经历、体会与心得，为同学们指明成长的方向。他年年撰写军训日记，将新生入学教育巧妙地融入博文，得到了很多家长和新生的好评，针对时事热点有效地开展网络舆情引导工作，将安全教育通过宿舍夜话的形式生动有趣地表达出来，等等。家玮的博客从建设初期的粉丝数十人，逐步到今天过百万的浏览量，成为大学生网络思想政治教育的品牌与亮点，收到了很好的效果，借助博客，师生已成为无话不说的"网友"。

2015 年，中共中央办公厅、国务院办公厅印发《关于进一步加强和改进新形势下高校宣传思想工作的意见》，明确指出推进辅导员博客、思想政治理论课教师博客、校务微博、校园微信公众账号等网络新媒体建设。愿我们有更多的学生思想政治工作者像家玮一样，充分利用网络新媒体，不断增强思想政治工作的及时性、针对性和实效性。

是为序。

原天津师范大学党委副书记
现 天 津 社 会 科 学 院 院 长
2015 年 6 月

目录

CONTENTS

引言

CHAPTER 1
第一章　**一起成长**

由选专业想到 …………………… 00「
写给学生的话 …………………… 003
学习是为了什么 ………………… 005
奉献是一种美德 ………………… 007
当帅　当将 ……………………… 010
给它一个稳定的家 ……………… 012
我的"骂"，你懂 ……………… 014
拨开考研失败的阴霾 …………… 016
再见，我的朋友 ………………… 019
放心去飞 ………………………… 021
大奖来袭 ………………………… 023
为自己鼓掌 ……………………… 026
为你喝彩 ………………………… 028
非常 10+1 ……………………… 030
锵锵七人行 ……………………… 035
十人一台戏 ……………………… 039

CHAPTER 2
第二章　**时事热点**

爱国 ……………………………… 045
我的爱国是这样表达的 ………… 047
奥运时间 ………………………… 049
霾·昆明 ………………………… 055

美·新疆 ····················· 057

红·北京 ····················· 059

对英雄的记忆 ················· 061

CHAPTER 3
第三章 **有一说一**

四级与诚信 ················· 065

分寸 ······················· 067

熄灯之后 ··················· 069

自己的事情自己做 ··········· 072

考试作弊的代价 ············· 074

动动吧，别代了 ············· 076

我眼中的四六级 ············· 078

开学第一天众生相 ··········· 080

熄灯第一天众生相 ··········· 082

请你讲文明 ················· 084

请你讲诚信 ················· 087

谁动了我的手机 ············· 089

CHAPTER 4
第四章 **军训日记**

起点之美 ··················· 093

军训节奏 ··················· 095

那些花儿 ··················· 097

花间小憩 ··················· 100

新鲜血液 ··················· 102

爸爸妈妈 ··················· 105

秋后算账 ··················· 107

他的身影 ··················· 109

CONTENTS
目录

目录

CONTENTS

五味俱全 ………………… 111

心灵鸡汤 ………………… 114

心里的话 ………………… 115

天津范儿 ………………… 118

终点之赞 ………………… 121

CHAPTER 5
第五章　**随心随笔**

淡如水 …………………… 125

谈毅力 …………………… 127

谈定力 …………………… 130

谈耐力 …………………… 132

谈创造力 ………………… 134

清心 ……………………… 136

追忆沈先生二三事 ……… 138

岁末感言 ………………… 141

梦 ………………………… 143

烧瓷的老刘 ……………… 145

速写老杜 ………………… 148

用事实说话 ……………… 152

对酒当歌 ………………… 154

CHAPTER 6
第六章 **宿舍夜话**

定位 ·········· 159
礼貌 ·········· 161
防火 ·········· 163
防盗 ·········· 165
防病 ·········· 167
反思 ·········· 169
防骗 ·········· 171
再谈防骗 ·········· 174

CHAPTER 7
第七章 **生活点滴**

我 ·········· 179
人与美 ·········· 181
自然与美 ·········· 184
艺术与美 ·········· 187
脚步 ·········· 190
心传 ·········· 193
时节 ·········· 196
家常 ·········· 199
相逢 ·········· 202
秘境 ·········· 205
三餐 ·········· 208

CHAPTER 8
第八章 **菁菁校园**

什么是辅导员 ·········· 213
文化强国 ·········· 216
网团,我们在努力 ·········· 218
我的大学 ·········· 220

CONTENTS 目录

CONTENTS

目录

绽放的花朵 ················· 222

冬日畅想曲 ················· 225

我为校园添一笔 ················· 227

华丽的落幕 ················· 231

CHAPTER 9
第九章　**奋笔疾书**
2014 年高考作文

成长不需要独木桥 ················· 235

由喂食想起的 ················· 237

老规矩 新活力 ················· 239

伤不起的芯片 ················· 241

美的回忆 ················· 243

人生的路与门 ················· 245

观景与心境 ················· 247

谁动了我的剧本 ················· 249

我愿陪你看繁星 ················· 251

勿以善小而不为 ················· 253

站立的意义 ················· 255

沿途的风景 ················· 257

空谷 ················· 259

后 记

PREFACE
引 言

　　家玮坚持写网文有十年了,他把 2016 年之前撰写的文章整理出百余篇并结集成册,我很支持。这本书取名《心里的话》,从名字能看出写的都是辅导员的心声。

　　回看家玮早几年撰写的网文,文字与文风虽显稚嫩,但字里行间融入的是对职业的热爱及对学生的关注。从理想谈到人生规划,从军训谈到学习社团,从宿舍谈到同学友谊,从生活谈到安全防范,等等。书中还有他个人的求学经历、心得体会,对工作的思考,对亲情的理解,对生活的感悟,这 20 余万字从侧面反映了当代辅导员与大学生的成长历程。以温暖的文字影响学生是网络思政教育的魅力,欣喜的是这种方式得到更多同学的认可,互动中拉近了师生的关系。

　　总书记在全国高校思想政治工作会议上说"做好高校思想政治工作,要因事而化、因时而进、因势而新。"意为从方法上要把握学生思想动态,积极回应学生的关注,帮助学生答疑解惑;从观念上要紧跟时代发展,牢牢抓住思想政治教育的时代主题,应时而动、顺时而进;从方式上要适应形势的不断变化,社会的更新变革,适应青年学生网络学习生活的新常态，从而推进高校学生思想政治工作创新发展。

伴随在网络背景下成长起来的青年学生，辅导员该如何利用新媒体开展思想政治教育是新课题也是一个难题，家玮为此做了很多尝试。在创新上，他发挥美术特长，带领团队原创大量手绘作品，结合"两学一做""纪念长征胜利80周年""庆祝香港回归20周年"等重要纪念日创作的作品多次被团中央、教育部等官方帐号转载，很好的将思想政治教育与专业教育相结合。在内容上，他将社会主义核心价值观、中华优秀传统文化与节日相结合，以同学们喜闻乐见的方式开展教育，用一年时间完成了"节日随笔"系列，共52篇文章，20余万字。在形式上，他坚持在多个阵地同步更新，将博客的深度、微博的广度与微信的速度结合，"家画佳话"公众平台成为一个品牌。

这两年，家玮结合社会热点、网络舆情开设"青年之声——你问我答"频道，在良莠不齐的信息中剥茧抽丝，帮助大家明辨是非。他经常到其他高校交流工作经验，把每一篇发言稿都共享在网络上，为同行提供思路，他在各级各校辅导员培训中毫无保留的分享工作方法与心得，也带动了越来越多的辅导员加入到网络思政教育的队伍中。

2016年两会，克强总理在政府报告里提到"工匠精神"，什么是"工匠精神"？坚韧、细致、创新、专注、精益求精等等，能想到的优秀品质都可以补充到"工匠精神"里，什么是辅导员的"工匠精神"？我的理解是"用心"，当我们把辅导员不仅仅认同为职业，而是当成事业去坚守，用心就格外重要了。

天津师范大学党委副书记
2017 年 4 月

CHAPTER 1

第一章

一起成长

由选专业想到

最近新生都在选择专业方向,咨询、试听,大家做足了准备工作。有选择必然会出现落差,选中理想专业的同学喜悦之情溢于言表,而事与愿违的则闷闷不乐,暂且不论艺术的相通性,我在想同学们到底是根据什么而选择专业?

我上大学时也面临专业选择,但方向并不像今天这么多。我喜欢油画,觉得无论从画面风格还是作画状态,油画就是美术的代名词,但因各种原因,我走上了中国画这条道路,从消极到积极,从被动到主动,博大精深的传统文化深深地吸引了我,我愈发喜欢笔墨纸砚。

我认为人多少应该学一点艺术,为生活增添别样感觉。美术学由多学科支撑,没有扎实的基本功无从下笔,没有深厚的文化底蕴画面会空洞,没有广泛猎取不会有更好的创意,没有耐得住寂寞的坚持,无法在艺术的道路上走得更远。如今美术高考热火朝天,其中到底有多少人是真正喜欢美术的?

各种文化思想交融,艺术百花齐放,新时期美术也有了全新内容,更多需求,更大发展。美术源于生活并高于生活,中国画里有这么一句话"合情不合理",画面中的景和人你似曾相识但找不到现实中的实物对照,"形"与"意"的完美集合才是中国画的味道。国、油、版、彩只是画种的区别,本质是一样的,都在传递美,重要的是全身心投入到创作中去,不要因一时专业方向不得意就失去兴趣,四年只是学习的一个阶段,真正的升华需要在未来日子里无限努力。

学生的天职是学习,但内容不能仅限于书本知识、方程公式,只要是有利于进步与成长的都在学习范围之内。专业知识要学,这是未来求职、考研的砝码;为人处事的道理要学,这是立身之本;兴趣爱好要培养,这是陶冶情操的有效途径;生活技能要学,因为靠人不如靠己。

谚语说"活到老,学到老",这里的学指博学,学众家所长。我没有把兴趣点只放在自己的专业上,文学、经济、政治等都是我感兴趣的内容。兴趣是最好的老师,有了兴趣,我才会从浩瀚的文海中执着地寻找想得到的知识。当我为了一幅画的创作冥思苦想而毫无进展时,我会去看看其它方面的书籍,找志同道合的朋友聊聊,再或者在运动场上挥汗如雨,这些看似毫无关联的事情也许会激发灵感与动力。

何为大学教育?我认为不只是看你在毕业时拿了几个证,考了几个 A,得过多少奖励,更重要的是培养在陌生的环境,面对全新的工作,迅速适应,掌握技能,投入生产并创造出价值的能力。

未来需要的是德、智、体、美、劳全面发展的大学生,智商与情商并存的人才,目光要长远,不要因小情绪停止不前,整日唉声叹气。

2009 年 9 月 17 日

写给学生的话

今天我冲学生发了很大的火，印象中应该是第一次。冷静下来有点后悔，现在很能体会犯错学生的感受，他们也许有点不知所措，也许会紧张害怕，也许会为自己的言行感到自责。

我成为辅导员后与学生有很多交流，任何问题都能通过沟通来解决，把矛盾消除在萌芽，解决在内部，人人都退一步，把话说开，消除误会，棘手的问题也就迎刃而解了，同学们也认可我这样的工作方式。

不要唯我独大，所以我批评了你。欣赏你每天早起晚归的学习状态，但要考虑别人的作息时间，如果以学习为借口而影响宿舍集体生活，就该反省了。学校是公共场所，宿舍不是私人领地，做事不能我行我素，只图自己方便。四年时光短暂，同学们聚在一起不易，能住一间宿舍更是缘分，人人都需要改变、退让，集体生活要求同存异，我建议你敞开心扉与舍友交流，她们是同学更是朋友，发扬团队精神，注重合作，你不是一个人在战斗。

不要咄咄逼人，所以我批评了你们。要有宽厚包容之心，不要得理不饶人，更何况一间宿舍的矛盾，双方都有责任。同学之间需要关爱和互助，不能因为所谓的成见就无视同学做出的努力，忽略她的改变。不可因为自己的喜好去强迫别人，交流需要心平气和，争吵毫无意义，多从对方的角度考虑，心有多大，舞台就有多大。

不要挑事起哄，所以我批评了你。困难是暂时的，老师、班干部积极地做着协调工作。关心班级，关心同学要多从正面引导，至少要把事情来龙去脉搞清楚之后再发声，不要夸大事实四处传播，舆论的影响会左右我们的主观判断，更会伤害同学的自尊心，凡事三思而后行。

每当新生进校，我都会重点强调宿舍关系，宿舍是大家在天津的小家，舍友即家人。同窗之谊是美好的，很多同学毕业后成了一辈子的朋友，也是因为整日在一起，优缺点全部显现，总遇见因鸡毛蒜皮的小事引起的同室操戈，一言不合就闹矛盾，每个人都会列举对方种种不是，自己一肚子委屈。有人说最难相处的是舍友关系，随着时间推移，这些当初看起来天大的仇都成了小事，调换宿舍只是逃避，并不能解决实际问题，宽容和谅解是一种美德，在老师和朋友的帮助下，消除误会才是缓和关系的方法。

把这些话说给我所有的学生听，不想任何一人掉队，我会努力，你们也要努力，我们的目标很明确，做最出色的集体。

2009 年 3 月 25 日

学习是为了什么

今天送一名同学去德国留学,他是我工作后带的第一批学生,下班后和同事以留学为主题聊了很多关于学习方面的内容。我从小学习目标既明确也迷茫,有时也在机械、被动地看书,等当了教师,我仍然思考这个问题,慢慢发现不仅是我,很多人都在想学习是为了什么?

学习是为了建设国家。我热爱祖国,为祖国取得的巨大成就感到自豪,看着五星红旗高高飘扬,听着《义勇军进行曲》感动流泪,我因祖国发展而骄傲,也因天灾人祸而悲痛,这种思想上的净化是从小接受爱国主义教育的结果。中国从百废待兴到世界第二大经济体,不是靠别人施舍,而是知识改变命运。作为生在新中国,长在红旗下的一代人,80后已成长为国家建设的骨干力量,我深刻感受到祖国强大给人民带来的幸福与安全,所以说学习是为了建设国家。

学习是为了服务社会。人是社会的个体,没有谁能凌驾于社会之上,都必须遵从社会规则。学习不仅是ABCD和加减乘除,还有为人处世的道理,在成长中,我学会了团结互助,明辨是非,谦虚谨慎,遵纪守法。都说大学是社会的缩影,步入职场的练兵场,所以从报到的第一天起,我就给学习明确定位,从各方面丰富、完善自己,真正成为对社会有用的人。我努力地在课堂上学习知识,在社团锻炼能力,从师长身上学习经验。研究生阶段,我积极参与社会实践,志愿服务,就想更好更快地了解社会、融入社会,用所学知识帮助他人,所以说学习是为了服务社会。

学习是为了家庭和谐。家庭是社会最小的组成单位,古人云:"家和万事兴",家是避风的港湾,家庭和谐是追求目标,也是生活境界。我们承载着家庭的希望,从呱呱坠地就享受温暖,父母的爱是无私的,他们不求回报,只为能让孩子过上幸福生活。我们长大了,可以用学习到的知识创造价值,回报父母。未来我们会组建新的家庭,有自己的孩子,角色也会随之发生变化,延续着那种期待,这就是人生,所以说学习是为了家庭和谐。

学习是为了坚定信念。昨天看《太行山上》,这是我第四遍看该影片,每次都有不同感受,吸引我的除了奋勇杀敌的英雄气概,还有中国人民必胜的信念。《太行山上》客观地表现双方在军事上的差距,而不像神剧那样把敌人刻画得愚蠢无知。侵略者妄图占领我中华大地,但中国人民有保家卫国的信念,信念支撑我们取得最终胜利。卫立煌在谈判完后评价朱德总司令"大智大勇,大仁大义",我想这句话应该是评价在共产党领导下的所有中国军民。我党是在战争中边学习边斗争,无论形势多么严峻,条件多么艰苦,为了信念坚持到底,如今我们学习是积累,是创新,是为了家庭幸福、社会进步、祖国强大,是为了实现中华民族伟大复兴。

"为中华之崛起而读书"是学习的真谛。

2009 年 4 月 7 日

奉献是一种美德

下午茶时间,和学生聊起了公益,得知学生会募集了许多御寒的衣物准备寄往西部农村,深感欣慰。

2008 年,我们组建"三下乡"小分队到甘肃定西希望小学进行社会实践,孩子们来自周围不同村庄,有的需要翻好几座山上学,中午也没有休息的地方,在这样艰苦条件下,成绩却非常优异,他们的刻苦求学精神值得学习。小分队送去精彩的文艺演出,开展义务支教,带了食品和学习用品,看着孩子们开心的表情,我感受到帮助他人的幸福。

大学时代,我与同学积极参与社会公益事业,义务支教、暑期实践、社会调研、扶危助困等等,甘肃省第一个大学生造血干细胞捐献库的建立也有我们的努力。我的同学张森,全国无偿献血铜质奖章获得者,他无偿献血 70 余次,总量达 14000ml,他常说"生命不息,公益不止",朴实的话语,崇高的情怀。

雷锋之所以被追捧,是因为他把有限的生命投入到无限的为人民服务中去,对他人无私帮助,对社会默默奉献。奉献精神是在全民中最提倡的精神之一,也是大学生将学有所得转化为服务社会的具体体现。奉献精神是高尚的,有人奉献智慧才干,有人捐献物资金钱,有人付出青春年华,有人付出宝贵生命。

丛飞,1994年8月参加重庆的一次失学儿童重返校园义演后,开始了长达11年的慈善资助,他唯一的职务是深圳市义工艺术团团长,没有薪水。作为歌手,本可以过上富裕生活,但他倾其所有,累计捐款捐物300多万元,资助山区178名贫困儿童,进行公益演出300多场,义工服务时间达到3600多小时。2005年4月他被诊断为胃癌,5月27日在病床上加入中国共产党,2006年4月20日病逝并捐献了眼角膜,他生前曾说"帮助别人是一种快乐,只要给我生命,我就要给别人带来快乐。"丛飞的大爱弘扬了社会正气,奏响了一支壮美的奉献之歌。

胡锦涛同志说:"奉献是崇高的境界,是美好人生的追求,也是成就事业的前提。"奉献不是阳春白雪的高调,而是责任心的转化和体现,是最平常、最朴实的品质。对家庭的热爱,对事业的努力,对信念的执着,到最终都将转变成责任,对父母有赡养的责任、对子女有抚养的责任、对工作有尽职的责任、对他人有帮助的责任、对社会有奉献的责任、对国家有报效的责任……只要你承担起这些责任,就意味着必须要为之奉献体力、心力、财力和物力,甚至生命。

奉献不是口号,更不是作秀,灾难面前,有人冒着生命危险深入灾区贡献力量,有的则扛着标语四处做广告,有的积极捐款捐物,有的借机炒作。再比如每年学雷锋日,敬老院会迎来一拨又一拨志愿者,有的老人一天会被推出来好几次,这种奉献毫无意义,我们热爱真正的奉献,数十年如一日的奉献,而不是心血来潮的奉献,只在闪光灯下活跃的奉献。

"用一年的时间做一件终生难忘的事情。"这是研究生支教团成员说得最多的一句话。从2002年开始,天津师范大学一批又一批的研究生在千里之外的甘肃定西,开始他们"用青春耕耘,用奉献圆梦"的支教接力行动,上百名优秀研究生站在三尺讲台上为当地学生授课,他们的奉献精神感动了当地群众,也感动了师大,如今,支教范围也从甘肃扩展到新疆、重庆，从他们传回的日记与照片里能看到孩子们对知识的渴望，让"甘于奉献、勇于担当、志愿服务、薪火相传"的支教精神照亮未来的方向。心中有阳光，脚下有力量，奉献不只是美德，更是习惯，支教团用爱的延续诠释奉献的意义。

　　奉献并不是投入和产出的关系，奉献得多并不意味着收获多，奉献最令人快乐的是过程，是一种自豪感、成就感和人生价值的体现，是人的纯正灵魂的再现，是人间真情的流露，是自我价值的体现。

2010 年 1 月 13 日

当帅 当将

晚上学生会纳新，和各位学生干部坐在一起讨论如何选拔优秀人才，大家头脑风暴，争论得很激烈，看得出为了这个大家庭，每个人都在努力。欣喜之余又觉得话题中少了点什么，思来想去写出以下文字。

从《三国演义》说起，权力最集中的三个人，曹操、刘备、孙权，论武功，他们麾下都有超一流的英雄；论智谋，曹操有荀彧、司马懿，刘备有诸葛亮、庞统，孙权有鲁肃、陆逊，无论从哪方面看，这三人都不是最出色的，凭什么他们能够将如此多的英雄整合在一起成就事业。三国里也有称霸一方的枭雄，袁绍、袁术等，最终都成为三人碗里的鱼肉，凭什么力量悬殊也能翻盘。我觉得眼光与思路是关键。

看到一本书，叫《不是不可能——思路决定出路》，书中对人们的观念、心态、性格、做人做事、爱情婚姻、生活习惯等方面进行分析，很多细节给人以启示，引导我们在现实生活中养成良好解决问题的习惯，抓住开启成功之门的机遇。在工作中我们往往靠的是个人经验和不服输的精神，当然这是必备品质，但如果缺少清晰的思路，会事倍功半。

大家为了搞活动,不惜人力物力,虽然也能完成,但要打几分折扣,辛苦是事实,将辛苦转化为高效是关键,活动前期做充分的考虑与准备,多听意见和建议,跳出圈再重新审视,或许会出现更好的局面。

有两个鞋厂的推销员,同时来到太平洋的一个岛国推销,他们看到同一个事实:这里的人不穿鞋。A鞋厂的推销员向厂部发回消息说:"这里的人不穿鞋,鞋在这里没有市场。"然后就失望地离开了。B鞋厂的推销员却兴奋地向厂部发回消息:"这里的人都还没有穿鞋,有很好的市场前景。"然后把一双最好看的鞋送给岛国的国王,这里的人看到国王穿鞋,结果人人穿鞋,于是B鞋厂的推销员在这里开了卖鞋的商店,B鞋厂发财了。同一个现实产生两种截然不同的结局,就是因为思路不同,看问题的角度不同,才会有天壤之别的结果。不能改变环境,但可以改变思路,思路决定出路。

有人抱怨没有遇到机遇,没有遇见伯乐,却不愿给自己的发展出个思路,做个规划。那些始终动脑,用正确的思路去支配和控制人生的人最终会走向成功,而那些总是用陈旧和滞后的观念去看待和思考问题的人必定会走向失败。

易发久,上海励志企业管理咨询有限公司的总裁,他喜欢下象棋,他说:"再怎样走投无路的棋局,都会找到活步。"他将这一思路延伸到管理中,告诫员工,一个企业再没有活路,一个人再没有机遇,也不能坐着等"死",而是要积极去寻找思路,去拼、去搏。

帅出思路,将出能力,帅将合一,所向披靡。

2010 年 9 月 25 日

给它一个稳定的家

它叫"涂涂",一只三个月大的萨摩耶,聪明活泼,我初次见到它时,它正在草地上和主人玩耍,当我把它从主人身边抱走,它发出极不情愿的叫声,主人也不舍,眼神里流露出眷顾与无奈。

面对小萌宠,我没有抵抗力,一直就有饲养宠物的想法,几经思考,始终没有勇气实现,因为工作忙,无时间和精力照顾,与其跟着我过孤单生活不如在别人家快乐成长。我代养的宠物,品种和数量都不少,它们并没有流浪街头,而是检查宿舍的"缴获"和同学们欣喜之后的"累赘"。这些小家伙有两个特点,一是呆萌好玩,二是价格不菲。它们一不注意就抢占我的办公桌,晚上带回家,慢慢成了一个节奏。当它们的主人放假准备接回家时,我反而有一点留恋,人和动物都有感情,因宿舍不能饲养转送他人时,我相信同学们也会不舍。

很多同学不顾老师、舍友的劝诫,宿舍的规定,毫不吝惜地花上一个月甚至几个月生活费把宠物买回来。幼崽很可爱,宿舍同学见到后欣喜若狂,拿出牛奶火腿肠来喂,陪它玩耍,哪怕是它大小便在写字台和床铺上也不会介意,每天都会购买小食品来犒劳。晚上揽入怀中进入梦乡,课前恋恋不舍道别,课上牵肠挂肚思念,下课迫不及待回去照顾,更有甚者直接把它们往包里一放带到教室。

突然有一天,你发现它们的食量越来越大,叫声越来越响,身上越来越味,闯祸越来越多。突然有一天,你发现钱包越来越瘪,时间越来越紧张,成绩越来越下滑,精力也越来越跟不上。突然有一天,你发现宿舍异味越来越重,地上的毛越来越多,舍友不满情绪越来越大,同学关系越来越微妙。突然有一天,萌宠成为生活的负担,假期远行的累赘、舍友矛盾的焦点、宿舍卫生不良的根源。

现实问题摆在面前,理性超过感性,四处联系寄养地,急于把它送出去,不惜购买时的重金,只考虑给它寻找一个稳定的家。也许有人说,这不是真正爱小动物的人。何为喜爱,不让它遭罪就是喜爱。读研期间我养了一只哈士奇,也面临上述诸多问题,早上五点起床带它遛弯都很难做到,假期寄养在宠物店,每月花费数千元,无奈之下我也选择寻找下家,它在新的环境很快乐。

新校区有很多流浪狗,学校的"爱心园"提供了绝佳场所,这个坐落于校园东部荒地上100多平方米的宠物之家是师生们很喜欢去的地方,十几只"汪星人"在这里生活。在大家的帮助下,所有的流浪狗都打了疫苗,洗了澡,每天都会有人打扫卫生,喂饭喂水,它们不再是流浪狗,而是校园里的一员。爱心园的设立有效解决了校园安全和宠物救助的共性问题,学校是教书育人的地方,更是充满人文情怀的地方,大学教育不仅限于课堂,校园处处都该有教育,对待流浪小动物的态度关系学校的声誉,也是一种潜移默化的生命教育和责任教育。

宿舍为什么禁止养宠物?一是宠物易传染病菌,影响寝室卫生、身体健康及宿舍关系;二是付出过多时间和精力,影响学习;三是需要经济支出,对于还没有固定收入的学生党来说有压力;四是大学生生活环境充满很多不稳定,无法给它一个稳定的家。

2010 年 11 月 10 日

我的"骂",你懂

人在压抑许久后会寻找适合自己的发泄方式,或哭或笑,或吵或闹,或吃或捶,或购物消费,或伤心落泪。如果让我在减压方式上做选择,我会散步、听音乐、写文章,但今天我选择了骂。

骂分很多种,发发牢骚,吐槽骂街,众人以骂为粗俗、低级的表现,我不完全赞同,纵观上下五千年,骂之行为屡见不鲜,上至王侯将相,下到市井小民,骂之运用层出不穷。戏文里有击鼓骂曹,诸葛亮骂死王朗,现实中有指桑骂槐,《聊斋志异》里有骂鸭佳话,真是有人的地方就有骂,有骂的地方就有文章。

一个国家如果没有几个懂骂、会骂的人,就不会发展进步。每个时代都有几位勇士站出来,向着黑暗痛责,向着罪恶狂骂。鲁迅、闻一多,哪一位不是骂界高手,就连毛泽东主席,也痛骂一切反动派都是纸老虎,正是由于他们的大智大勇、一针见血,才推动中国的进步,让黑暗迎来曙光。

骂作为一种行为,与生俱来,骂人时,至少骂人者觉得有该骂的地方。骂的修为越高,涵养就越深,血肉横飞,粗俗鄙陋地对骂,那是不入流的表现。真正的骂者,骂你于不知不觉中,寓骂于笑谈中,看似娓娓而谈,实为绵里藏针,明明让你知道是骂,却又让你找不出被骂的感觉及反驳的理由,这是一种智慧。

不分青红皂白、道德伦理地乱骂是小丑行径。骂者高深者骂心,骂者下流者骂皮,让你痛改前非,记得一辈子的才是真骂。骂到好处时,字字如珠玑,句句是文章。诸葛亮骂人绝妙,气周瑜、骂王朗、讽司马,无不妙到好处。再看当今,由现实到网络,恶言恶语,脏话连篇,扯着脖子高声大嗓只让人厌恶。

拜读批评家的文章,犀利、尖锐,发人深省。骂不仅是一种言语上的较量,更是一种思想上的交锋,不光要口若悬河,还要有理有据。比喻、夸张、排比各种手法层出不穷,出神入化,另一方必将为自己的语言匮乏而汗颜,轻骂时莺语燕啼,痛骂时秋风扫落叶。

骂是一种情感表露。长辈的骂是一种关爱,恋人间的互骂是一种喜爱,仇人间的骂是情绪的迸发,酣畅淋漓的痛骂要比虚情假意好得多。我没有积攒那么多词汇,也没有深厚的文学知识,所以我的骂并不精彩,更谈不上以骂当教化,就是想让你清醒。

你是同学们佩服的学霸,更是我信任的朋友,得力的助手,玉不雕不成器,但愿今天的"骂",你懂。

2010 年 11 月 17 日

拨开考研失败的阴霾

很多同学都有一个考研梦,有人在自我管理的四年坚持了下来,而更多人确实是做了一个梦。学习不是一件轻松的事,考研更是一条"不归路",是莘莘学子的又一次选拔,一次非常重要,甚至改变命运的考试。

既然是考试,结局无非两种,考上或者考不上。如果你的分高,我先祝贺,一分付出一分收获,抓紧大学最后的时光做些有意义的事,而不是庆功的小酒天天喝个没完。如果你的分模棱两可,就要时刻关注各高校调剂信息,多给自己找条路。如具你铩羽而归,那你第一件事就是看完以下文字,然后点个赞,顺手分享给正在经历失败、调整状态的同学。

我非常理解大家的心情,眼泪都还没擦干,哪有心情看"鸡汤",再说"鸡汤"有用吗?分享一件朋友的经历。我上研二,大学同学来天津考研,在租住的小屋里除了学习无其他生活,我下课后经常去陪他聊天,放松紧张情绪,那一年他与成功失之交臂,从不沾酒的他在离开天津的那天喝醉了。转过年,他重返天津,再次拿起书本,还是枯燥的书本,单调的生活,很多时候辛苦与所得不成正比,他再次落榜。"难道一定要通过上研来实现人生价值?"带着这样的疑问他去了北京做设计,通过几年打拼有了一席之地,在窗明几净的工作室,他告诉我:"两次考研失败让内心得到极大锻炼,失败也许是新的起点,可以重新审视自己,规划人生。"塞翁失马焉知非福,人生的选择不只一种,如果积极对待,失败虽然关上一扇门,但又打开另一扇窗。

"你为什么要考研?"我在不同的大学随机问过上千名同学,答案不过几种,有人是为了实现学习上的进步而不断深造,有人是为了增加就业筹码缓解压力,有人是为了实现人生理想,而更多人并不知道为什么要考研。

研究生是个什么鬼?跟风考研的现象并不少见,没有目标的考研也是一种浪费时间。上了研是进了保险柜吗?也不见得,目前的招生规模与就业形势不用做更多说明,考上研只是增加了文凭的分量,但也可能失去机会。

2007年毕业后我留校参加工作,与很多人比,是幸运的,躲开了四处求职的辛苦,免去了一次次被拒的心酸,同学为了有个满意的工作穿梭于各个城市之间,大家拖着疲惫的身体回到宿舍后都不愿多说一句话,躺在床上思考人生。

人的想法会随着软硬件条件的增加而变化。比如本科毕业时想着薪资5000就很不错了,而研究生则希望收入更可观一点,工作更体面一点,博士考虑的除了待遇福利等基本保障,工作条件、未来发展、城市潜力都在范围之内。但现实是,刚下流水线的"产品"并没有完全被社会认可且市场早已饱和,研究生过了待价而沽的时代,四处碰壁,有花无果司空见惯,于是有人开始质疑上研值不值,觉得自己很失败,高学历人群中心理脆弱的甚至出现以极端方式来告别世界的情况。考不上研不算失败,可以从头再来,找不到工作不算失败,可以厚积薄发,而深陷于失利之中不能自拔,无心眷恋美好生活才算真正的失败,失败并不可怕,可怕的是忘记快乐。

初春时节,宿舍里充满浮躁,写论文、找工作,还要面对考研结果、四六级成绩。我也经历过不安的二、三月,毕业前,隔壁屋的博士买来一个音响,每到晚上十点就把声音开的很大,疯狂跟唱十分钟,我们调侃道"疯了疯了,博士疯了"。虽然五音不全,但没有一个人抱怨扰民,相反放下书本跟着节奏哼哼,这个不成文的"双十协定"持续了很久。我想说的是,心态决定行为,行为决定习惯,习惯决定命运,人在遇到失败后常处于负面情绪中,这些负面情绪对人的身心影响很大,我们要选择合适的发泄方式来缓解压力,发泄是一种自我完善的人生智慧,发泄之后重新调整情绪,去面对新的生活。

考研失败对部分同学来说是一个打击,尤其是期望很高、付出很多的人,要将这种痛苦和沮丧在短时间内忘掉是有困难的,不过可以积极地转移、分散注意力。主动找知己、闺蜜谈谈心,给许久不见的朋友通个电话,和有好感的异性朋友约顿火锅,翻翻一直无暇阅读的书籍,再或者约上同学去唱"夜猫",打上一场篮球,把因考研失去的快乐找回来,使自己的心有所寄托。

不要处于精神空虚、心理空旷的状态,安心定志,让我们踩着挫折往前走,给自己的心灵放个假,冷静下来总结失败原因。失败是成功之母这句话虽没错,但有前提,成功不等于失败的简单叠加,一次次蛮干,结局仍是失败。想要成功,不仅要有百折不回的韧性,更要在教训中进行有效思考和理性探索。

生活中的事情没有尽善尽美,挫折就像一把刀,可以为我所用,也可以伤害我们,那要看握住的是刀刃还是刀柄。害怕失败,在失败中消沉,是逃避人生,正视挫折,战胜困难,才是负责任的人生态度。

如果你敢于面对失败,敢于承担失败的责任,你会发现,考研让你成长许多,拨开考研失败的阴霾,把挫折当作成长的拐杖,人可以失败,但不能失落,对任何事都要拿得起,放得下,甩得开。

2012 年 2 月 27 日

再见,我的朋友

  教师是年轻的职业,因为每天都和积极向上的大学生在一起,生活充满激情与热情。教师也是最容易衰老的职业,迎新、毕业,时间在不经意间流逝。今天,我送走了2008级同学,就在他们穿上学士袍的一瞬间,我流泪了,脑海里存留的还是他们刚进校时的迷茫,军训时的青涩。

  毕业季,每天都能见到同学们在校园里合影留念,平日不注意的角落,进进出出的教学楼,天天都能见到的校园景观都成了聚集地,一草一木值得眷恋,只有即将离开校园的人才能体会这种情绪。想想我大学毕业时,不是和他们一样在学校的角角落落寻找回忆。最近,每天晚上我都能接到毕业生的电话,大家和我聊天,有骄傲、有遗憾、有开心、有失落,有说不清道不完的大学情结。

  大学是多彩的。大一生活是橙色,太多新生活扑面而来,新鲜而灿烂,热情而紧张。橙色的记忆里,有第一次见到知名教授的激动,第一次加入社团的好奇,第一次考试的紧张,第一次给心仪女生发信息的羞涩……

大二生活是绿色,青春在这一年闪耀,旺盛得像正在生长的小树,梦想也一点点接近现实。球场上的飒爽英姿,和恋人牵手的快乐,和朋友们聊天的开心,考试前彻夜不睡的临时突击,联网游戏时的喊叫……

大三,生活变成蓝色,褪去了一丝年少轻狂,开始了冷静思考,开始去选择未来,去查找自己离未来究竟有多少距离。出国?考研?工作?回家还是留下?所有与这个决定相关联的一切都有无限可能。

大四的生活,像一层薄薄的灰色,在各种选择里彷徨,每个人都忙忙碌碌,仿佛一首没写完的诗,匆匆开始就要匆匆告别,生活充满了淡淡的忧伤。

未来从事的职业也许不是自己最喜爱的,也许环境还很艰苦,也许待遇还不尽如人意,但选择了,就一定要有把工作干好的进取之心。每个人成长都不会一帆风顺,前进的道路上布满荆棘,只要坚守信念,一定会实现心中的梦想,未来的你们无论是在城市还是乡村,无论居何位,都要脚踏实地,敢于担当,直面问题,怀着谋实之心,努力做出经得起实践检验的成绩。

花开的六月,高考结束的学生们向天空抛起书包,带着微笑和高中生活说再见。即将各奔前程的大四学生戴上了学士帽,含着眼泪和大学校园说再见。毕业生的行囊里收藏着四年来的时光和记忆,带着种种感动,即将开始新的旅程。

最后一堂课,是和老师告别,最后一场考试,是和学业告别,通过毕业论文答辩,是和学生生涯告别,毕业典礼,是和学校告别,和这四年告别。

再见了,同学们。再见了,我的朋友。

2012 年 6 月 19 日

放心去飞

光阴荏苒一挥间,厉兵秣马又四年。又到一年毕业季,每到这个时候校园处处都充满了离别的伤感,参加完 2013 届学生的毕业典礼,看到大家相拥祝福,有些感动。

2009 级有 700 余人,是历年来学院人数最多的一级,军训 11 个排,就是每个排转一圈也要一个多小时,2009 级同学出门写生,浩浩荡荡的车队让人咋舌,2009 级的同学办毕业展,要分批在图书馆展览,2009 级同学办毕业手续,用了一整天时间。

说再见前还想叨叨几句。一是诚信,诚信是永恒的主题,是对人品德的投资,也是社会的一种无形资产,人无信不立,商无信不通,国无信不稳,走出校门更要以诚信立世,从在《毕业生诚信廉洁承诺书》上签名的那一刻起,诚信就已经深深地镌刻在你们未来的人生轨迹上。二是安全,安全涉及方方面面,找工作不可盲目,不要陷入骗子的陷阱,在保护人身安全的同时,还要注意政治安全,时刻警惕三观受到侵蚀,别被假象所迷惑,大是大非前保持清醒头脑,不能因年轻被利用。

大家步入社会,前途掌握在自己手里,今天校长的发言发人深省,他告诉我们"未来一定要在法治的世界里学习、生活，一定要用法律的规则来约束自己。"工作后不能忘记师长的谆谆教导，要对自己手中的权力心存敬畏。手握戒尺，慎独慎微，勤于自省，只有这样才能走得更好，走得更远。

如果说大学之前我们都在索取，那么从现在起就要回报家人，回报社会。居里夫人说过："不管一个人取得多么骄傲的成绩，都应该饮水思源，应该记住是自己的老师为他们的成长播下了最初的种子。"常怀感恩之心，淡看世事去如烟，铭记恩情存如血。

感恩是一种生活态度，是一种品德。感恩是积极向上的思考和谦卑的态度，可以消除内心的不安，可以涤荡一切尘埃。心改变，态度就会改变，态度改变，习惯也会随之改变，习惯的改变影响性格改变，性格改变决定你未来人生的改变。感恩的心改变我们的生活态度，诚恳的态度影响优良的习惯，好的习惯升华我们的性格，而健康的性格决定美丽的人生。

各奔东西的离别拉开了新旧交替的帷幕，离别的伤感与对前途的未知交织成一张迷茫的网，就像站在街道的十字路口不知道该何去何从。告别了校园美景，告别了同窗好友，告别了老师，告别了那间宿舍，太多的不舍，太多的留恋，而同学们不得不带上这些不舍踏上匆忙行走的旅途。

秋水湖畔有一大片校友林，那是历届学子捐赠的，这些小树苗茁壮成长，见证了学校的变迁与发展，它们在期待新鲜血液，你也可以认捐一株，30年后返校时，可以指着树自豪地说："这是我当年种下的。"

这个夏天，一起毕业，有关青春的回忆暂时做一终结。大家以后终于不用逃课了，因为没有课要上了。大学就是一张火车票，一个返程代表一个学期，单程的这张票意味着毕业了。

很多年后，我们把这个夏天叫作那年夏天，那年夏天，我们曾笑得很美，很灿烂。

2013 年 6 月 19 日

大奖来袭

这几天是保送研究生,评选各类奖、助学金及奖励的时间,办公室成为同学们的聚集地。国家奖学金、天津市人民政府奖学金、国家励志奖助学金、天津市三好学生奖学金,天津市优秀学生干部奖学金等,无论是奖金的额度还是奖励的级别都非常诱人,同学们在分数上的竞争又在毫厘之间,可以说最近老师们的工作都是在高压之下完成的。

先普及一下知识,至少要知道这些奖学金都是哪发的,给谁发的,发多少,哪个范围能参评?

国家奖学金是由教育部颁发给本科生、研究生的一项奖学金,获奖比例约占0.2%,本、专科国家奖学金的奖励标准为每人每年8000元,硕士生每年2万元,博士生每年3万元,作为在校学生能获得国家奖学金是一项莫大的荣誉。

天津市政府奖学金是奖励我市高校全日制本专科学生中特别优秀的同学,每年奖励800名,奖励标准每人每年8000元。

国家励志奖学金是为了激励家庭经济困难的同学勤奋学习、努力进取,由中央和地方政府共同出资奖励资助品学兼优的学生,奖励标准为每人每年 5000 元。

国家助学金是为帮助家庭经济困难学生顺利完成学业设立的,一等助学金每生每年 3500 元,二助 2800 元,三助 2200 元。

奖学金是鼓励优秀大学生完成学业的实质奖励,按照培养模式及社会需求来看,只有德、智、体、美、劳全面发展的同学才能获此殊荣。每项奖学金及奖励的评选条件中除了提到学习成绩优秀之外,都重点强调道德品质,诚实守信、文明礼貌、团结协作、助人为乐、热心公益、社会实践等,这些都是参评标准。不是两耳不闻窗外事,一心只读圣贤书的同学才能得奖学金,更不是每天忙着搞社团活动,学习成绩不佳的同学能得到奖励。有同学问我成绩在班级第一是不是就可以得到,我只能说有可能,因为评选标准里并没有规定成绩第一就一定能拿到奖学金,比如我们学院一共有 64 个自然班,而大奖的名额不足 10 个,如果每个班第一名都要得,怎么分?

奖学金评定划定一个范围,比如本学年学习成绩在班级或本专业前 10% 并且为前三名,综合测评也在 10% 的都可以申请,在这个标准内,又积极参加各类活动,热心公益事业,有一定的科研创新能力,参赛得奖,发表论文,本年度获得校级"三好学生"、"优秀学生干部"等称号,这样的同学更容易通过评选。

随着生活水平提高,奖金不断增长,别说是没有固定收入的同学,就是挣工资的我,也会心动。零点几分就能决定奖金归属,越是大家关注的事情,老师们越认真仔细,所以光筛查成绩就要重复好几遍,防止疏漏也杜绝作弊。在这个过程中,凡是不符合条件的报名表都会被挑出来,尽管年年提醒,但还是出现个别情况,比如,在外面随便弄个证书、证明就想加分的;随便在社团挂个名,活动不见面的;为了评奖学金,临时改选班委的,等等,这种品行,能评上吗?

从字面上就能理解助学金是帮助经济有困难的同学完成学业的,虽是无偿提供,但要靠真才实学去争取。比起奖学金需要优异的学习成绩,助学金的范围和条件要宽泛很多,这就造成了个别同学不拿白不拿的思想。

要得助学金,首先要入全校困难生库,而入库的前提是家庭所在地,乡镇以上政府或民政局提供的证明。有同学拿着不符合规定的证明来申请，在被要求重开后摔门而去，有同学在班级民主测评后未能入库，来办公室大吵大闹，还有个别人带着家长理直气壮地来质问。也许老师不完全清楚你平时的生活状况，但同学的眼睛是雪亮的。

有竞争就会有淘汰，得到奖学金不要骄傲，继续努力，相反，没得到也不要气馁，加油就好，更不要冷言冷语，同学一场实属不易，且行且珍惜。

2014 年 10 月 30 日

为自己鼓掌

处理完突发事件已是凌晨一点，这样的节奏对于每一个高校辅导员来讲并不陌生，我们不知道下班后还会发生什么。

记不清工作这些年有多少个夜晚是这样度过的，没有抱怨，没有懈怠，因为这就是辅导员，不为别的，只为学生的信任。

从自我否定到自我肯定，在成长过程中都会因挫折而反省，对于职业发展，从前规划了一条看似光明的大道，但在前行的过程中遇到诸多困难，不过我把这些困难看成历练的必经之路。

好友分享一篇文章叫《为自己鼓掌》，看后很受启发，文中写到："哲人说，生活的强者需要掌声来激励，需要鲜花来庆贺。"然而，生活中失败者居多，这就需要我们具备良好的心态。

当置身于山重水复疑无路的困境中，应以心为灯，以血为油，坚持求索，为自己鼓掌。为自己鼓掌是一种精神的安慰，它可以让你走出逆境。

　　有了掌声，就会让自己远离流言蜚语，给自己一份明澈的心境，为自己鼓掌，你就会在掌声的氛围里，燃烧起希望的火种，为自己鼓掌也是一剂良药，可以治愈悲观沮丧的病痛。

　　我们不可能做常胜将军，但可以做一个生活强者。不管成功也好，失败也罢，可以不必理会别人那贵如黄金的掌声，但要珍惜自己的肯定。

　　为自己鼓掌如同夺得金牌，它可以让你多一份荣耀，多一份自信。一个人如果缺乏自信，就会不思进取，不思开拓，在自我否定中毁掉一生。相反，如果多一份荣耀，会激励自己去奋斗，去拼搏，什么苦也吃得了，什么累也受得住。

　　为自己鼓掌，让掌声冲走失败的阴霾。一个人的成长过程中会出现各种各样的机遇，把握住就是成功者，失之交臂也未必要否定自己的实力，振奋精神，来年再战。

　　为自己鼓掌，人生多磨难，我们应该不断地为自己鼓掌。风又如何，雨又如何，笑又如何，哭又如何。为自己鼓掌，人生之路会越走越宽广，越走越坦荡。

　　为自己鼓掌，不管今天遇到何种打击，对于人来说都是财富，它能帮助你重新认识不足，帮助你练就强大内心，帮助你规划一条更加符合实际的人生之路。

　　为自己鼓掌，趁着自己还能扛住打击的时候，让困难来袭。

　　只要无愧于心，就可以尽情地为自己鼓掌。

2014 年 6 月 6 日

为你喝彩

市级大奖评审会结束了,有欢声笑语,有遗憾无奈,评审就是一场没有硝烟的战争,荣誉不仅要靠平时积累与努力,更要看现场发挥与展示。

熙攘的多功能厅安静了,我也松了一口气,一周以来不分白天黑夜的工作告一段落,虽然没有像去年一样大获全胜,但同学们的表现可圈可点,写点评完奖后的感受送给同学们。

美设学院作为承办方承担了天津市三好学生的评审,这也是市级大奖中分量最重的一项,各学院派出的参评选手可谓是优中选强。保送名校读研的,核心期刊发表数篇科研论文的,英语六级接近满分的,承担国家级课题的,等等。这些同学不只是用学霸一词就能形容,他们的成绩让我望尘莫及。你能代表学院去参评就是一种胜利,作为一名艺术专业的同学能杀出重围,站在最终评审台上,虽然没取得"三好学生"的称号,但你已是学院的骄傲,你是优秀的,为你喝彩。

作为承办方,前期需要做大量细致的准备工作,全校的师生代表要在我们学院聚集,整场评审会的顺利进行则是我们协调、组织能力的体现,也是我们集中展示的机会,每一个步骤都不能出错。你的拖延让我着急,你的马虎让我生气,没有规划如何保证一个组织的正常运转,如何保障一个活动有序进行,所以我批评了你,但并不影响对你给予的希望。在今天市优干的评选上,轻松幽默的语言,淋漓尽致的发挥获得所有评委的肯定,你以绝对优势取得学生干部最高荣誉,你承载了美设学生干部的希望与梦想,为你喝彩。

工作八年,我们的集体取得了一个又一个荣誉,比起个人,我把更多精力都放在集体评审上。你们作为一个新兴部门,每天从早工作到晚,一次次商讨 PPT 的修改,这一切我们都看在眼里,有些荣誉不是奖状,而是每天不断增加的粉丝,不断的转载与攀升的浏览量,新媒体工作部用积极的状态为同学服务,365 天如一日的坚守是你们最大的荣誉,虽然一票之差没有当选市级先进集体,但你们依然是最出色的,为你们喝彩。

荣誉的价值不在于结果,而在于努力付出的过程。荣誉是一个阶段的总结,又是一段拼搏的起点。再接再厉,争取在明年的荣誉墙上添上浓重的一笔。

2014 年 10 月 23 日

非常 10+1

　　当一个活动结束后，回过头看看，满满都是回忆，过程中无论多少吐槽，多少心塞，多少不情愿，但从比赛舞台走下来的那一刹那，除了释然，更多的是感慨，在学习中进步，在学习中成长，在学习中结下了深厚的友谊。

　　这是 80 后组成的团队，每个人都经历了学校、天津市的比赛，为征战全国的总决赛做最后冲刺。这是由辅导员组成的团队，10 个人来自 7 所高校，为了天津的荣誉而战，每天除了繁琐的工作，还要拿起书本学习。这是一个充满活力的团队，集训与比赛的日子里，除了紧张备战，还有欢声笑语。这是一个和谐的团队，领导的关心、老师的讲授、领队的负责、同行战友们的帮助留下许多感动的瞬间。我稀里糊涂地成为了这个小班的班长，既然当了就要做点事，除了掌握班里的财政大权，更要定格每一个人的精彩，我把点滴的记忆组织在一起，算是上任后的第一篇发言稿吧。

　　吕由是我最熟悉的战友，这些年无论什么样的比赛或评比，我俩总是阴差阳错地在一起，但我们从未把对方当成竞争对手。同为学院团委书记，我们的交流很多，也不限于工作,从集体活动的带队教师到军训场上的指导员,从硝烟四起的比赛场到井冈山培训,在一次次活动中加深了解。细细算来,从校赛到今天,我俩同场竞技也有四次,她的综合素质往往在关键时刻体现出来,控制场面,扭转局面,双鱼座的浪漫情怀让她流露出更多的知性,这种感觉在演讲中显现得淋漓尽致。如果说吕由还有欠缺,那就是缺一点运气,但谁的人生没有遗憾呢,我并不想把双鱼座打造成一个"悲情"的角色,但吕由在今天手捧证书时说的一句话让我久久不能平静,"这样的舞台离我越来越远了"。

辅导员最骄傲的就是学生出类拔萃,写完吕由,我不自主地想到了姜舟,昔日的师生,今天赛场上的战友,这不是巧合,而是一起成长的结果。姜舟哪一级的,我想不起来了,只记得她在上研究生时一直在困难生资助中心帮忙,每年评选国家励志奖学金、国家助学金就会见到她忙碌的身影,上千人的评定、几百万奖金的发放要在几天内完成,零失误足以说明姜舟的认真。毕业后,姜舟去了天津财经大学,成为财大优秀辅导员中的一名,从重重包围杀进国赛,说明实力之强。她的压力我们都能感觉到,全校辅导员的希望寄托在她身上,这是历练与考验,就像她的演讲稿里写道"我给腿上的那道伤疤起名叫不怕",我们希望在未来的工作与生活中,姜舟不怕。

王渤洋,理论知识与解读政策法规的高手,天津大学毕业,南开大学工作,身兼数职,集各种荣誉于一身,一场笔试下来,当很多人在及格线上挣扎时,他以近满分的试卷傲视群雄。我对王渤洋的认识是递进式的,从第一次开会感觉他清高自傲,到后来发现他学富五车,再到后来集中培训,他对于很多题目的理解让我佩服。在讨论中思考,在思考中总结,在总结中升华,以自己的方式说明他有骄傲的资本,这种骄傲不是目空一切的蔑视,不是咄咄逼人的态度,不是凌驾众人的浮夸,而是在知识积累下产生的气场。

宋燕,南开大学派出的另一名大将,穆桂英、花木兰,女将身份绝对符合她的气质。我明确说过,宋燕的综合实力是最强的,没有短板,后来一系列的事实证明了我的判断是对的。理论知识的理解、主题班会的生动、案例分析的思路、谈心谈话的睿智,让你很难想象比赛前一天带错了鞋在朋友圈里求助的人是她,上场前一分钟还在说说笑笑的人是她,考试结束后立刻进入休闲状态的人也是她。转变角色,绝不会让情绪影响生活,这一点,宋燕做到了。比赛结束后,就在各代表队修整时,大获全胜的我们在宾馆进行了三个多小时的分析总结会,为进入总决赛的同志们破题,一个穿着牛仔裤的女生坐在地毯上认真做着记录,她就是宋燕。

老姜并不老,比我还小几个月,但我们还是习惯这样称呼,老在中国字典里不只是代表年龄,更表示一种亲切。姜召海,天津职业技术师范大学的辅导员,一个 200 斤的山东大汉竟是学体育出身的。老姜的幽默是我们团队的精神食粮,无论集训还是考试,只要他在,三言两语就让大家紧张的神经放松下来。老姜很低调,他把自己能来参赛当成一种偶然,其实这种偶然是他努力的必然结果,丰富的工作经验为他提供了源源不断的解题思路,轻松的状态让他有更好的发挥。也许真是有心栽花花不开,无心插柳柳成荫,按他自己的话说,走到现在已经超额完成任务。晚上闲聊,老姜给我说了很多他过去的事情,很难想象在最痛苦的那几年,他是怎么熬过来的,转身擦掉眼泪,以阳光的微笑面对学生,面对生活,当内心满载了痛苦仍然坚持在辅导员岗位上,我们都动容了。夜晚没有流过眼泪的人不足以谈人生,老姜留给我们团队的是乐观进取的正能量。

李宏宇,中国民航大学的辅导员。我很少佩服人,何况是比我年龄小的人,但我今天对宏宇说:"我很佩服你"。不是因为他的第一名,而是他的状态,他的成熟,他的稳重。对于宏宇,我不想把华丽的辞藻用在他身上,宏宇更像是一杯清茶,需要细细地品。这个 85 年的人长着 90 后的面庞,却有着 70 后的大局观,他是一个爱读书的人,聊天与演讲随口就能引经据典,碎片式阅读与深度阅读结合是他获取知识的最佳方式,在人浮于事的环境里,能静下心来读书的人很少了。比赛中,独特的视角,另辟蹊径的思路,流利的口才给大家留下了深刻的印象,更难能可贵的是他从始至终的状态。宏宇的演讲稿是我认为最接地气的一篇,全部是他的经历,从演讲中我大概勾勒出一个从小在农村长大,志存高远,坚定信念,认真学习,锐意进取的 80 后形象,"让每一个消极的也许变为积极的可能",这句话出自李宏宇。

与我校一墙之隔的天津理工大学,走出了团队的另一名女将——霍虹。霍虹稳稳地进军到国赛的舞台,我对霍虹的印象并不在赛场,而是生活中。我冒然地判断霍虹的气质类型为胆汁质与多血质,她热情开朗,表现在积极攒大家聚餐;她利落干练,同时处理若干事井然有序;她精力旺盛,忙碌一天后,晚上九点还要去学生宿舍聊天谈话;她机智灵活,赛场上能应付各种"难缠"的对手,审时度势地调整局面。在团队里,我应该是第一个与霍虹互加微信的,她对我的鼓励体现在一个个点赞上。

杨漫路,人如其名,就像琼瑶笔下的女主人公一般婉约,除了温文尔雅,还多了一份智慧与担当。我个人觉得漫路在工科院校做辅导员有得天独厚的条件,颜值高,脾气好,遇事不急不慌,慢条斯理地摆事实,讲道理。谈心谈话环节中,一个身高有 1.9 米,健壮魁梧的男生与她演对手戏,强烈的感官对比让我们不禁为娇小的她捏一把汗,面对比自己大好几号的对手,漫路何谈气场?演员戴着大墨镜,翘着二郎腿,几乎躺在沙发上,漫路并没有直接指出他的错误,而是以女性独有的亲和力让对手自己觉得这样做都很不好意思,这也是一种策略,以退为进,以柔克刚,以守为攻,我见过为数不多的天津大学辅导员也是这样委婉的风格,这种教育方式似清风拂面,润物无声,一切方式都是手段,帮助同学认识问题才是最终目的。

王颖,同样来自天津大学。王颖的主题班会在全市比赛中名列第一,我认真地看了三遍,构思新颖,内容丰富,拍摄与剪辑精良。态度决定一切,细节决定成败,优中选强,强中选精,比赛的标准就是精品,优势的体现也是精品。王颖的班会给了我很多借鉴,启发了我的思路,博采众长是学习的态度。结果不重要,交流学习才重要,期待王颖厚积薄发,续写辉煌。

十人里还有我,但我不知道怎么写自己,收获和体会很多,容我慢慢消化吸收,现在去写写那个"1"。

张素玲,临危受命的领队,年轻的领队,最负责任的领队,也是最有经验的领队。在师大,素玲绝对是大家推崇的学霸,目前如果她说排第二,我想没人能排第一。她两次参加辅导员职业能力大赛,经验丰富,参加比赛前,她毫无保留地与我们分享,备赛时,她不厌其烦地找我们沟通商量,比赛中,她尽心尽责。我开玩笑地说:"张素玲有比赛的虫",我知道她对这个舞台有特殊的感情,这感情不是荣誉,而是对辅导员工作的热爱,对辅导员职责的践行,对实现职业理想的执着。同在师大工作,我们聊天很多,素玲是一个耐得住寂寞的人,也是一个认真执着的人,认准的目标不会轻易放弃,你可以说她迂腐,但我觉得她很明白,她知道自己该如何去实现人生价值,去践行当初的誓言。

　　连日鏖战,大家都已疲惫不堪,此时此刻所有的战友都休息了,我在长春的宾馆里写下这篇博文算是对一个阶段的总结,一部分人已经卸下了重担,一部分人要继续出征,"非常 10+1",我们准备好了。

2015 年 4 月 24 日

锵锵七人行

从东北辗转西南，非常 10+1 里有四位战友因为工作原因没有来，我和渤洋陪着五位晋级的选手来重庆参加国赛，我俩在不同场地观看、记录、学习，赛后一起分析、探讨，在强手如林的辅导员队伍里，努力地寻找自己的位置。

小伙伴们非常给力，发挥都很出色，这 70 人从 13 万辅导员队伍中脱颖而出，足以说明大家的优秀。用不多的文字描写我们强大的后援团，在天津团队里，领导、专家、选手、工作人员傻傻分不清楚，各高校学工部部长授课，教授、博士出题、解题，工作人员做好一切服务，在重庆，教委的二位处长天天与我们一起探讨，学工部长背着摄像机穿梭在各个赛场搜集影像资料，副书记提前一小时为大家占座，是比赛让大家身份模糊，是对辅导员职业的认同让大家不分彼此。

李宏宇成功杀入二十强，这是天津团的突破，他的发挥说明读书的重要，传统的案例分析思路已经不能完全符合激烈比赛的要求，极其挑剔的评委不仅要听到准确的定性，合理的分析，妥当的处理，更要听到透过表面看本质的见解与紧贴时代脉搏的启示，符合95后大学生特点的做法。宏宇绝对是案例分析最大的赢家,从赛区赛第一到国赛小组第一证明他的独到之处。他的分析另辟蹊径,甚至有点铤而走险,在某些方面一反常规,这是需要极大勇气的,尤其在全国顶级赛事,敢于说出不同意见,甚至挑战权威,冒着被拿下的风险去说,让我佩服。著名的指挥家小泽征尔,在世界级比赛中面对最权威的评判,仍然敢坚持自己的意见指出乐谱错误,这不完全是专业素养,更需要勇气。现实工作中,一些新问题倒逼我们创新,不能一成不变,站在60后的肩膀,用70后总结的经验,80后的语言去面对活跃的90后,这样的辅导员一定不被接受。宏宇介绍给我一本书,叫《轻有力》,里面提到"软化冲突,淡化权威,强化边界",用90后的思维去管理90后,我很佩服他的活学活用,书读得再多不会用是读死书,书读得不好是虚度年华,书读得不透是浪费时间,能把书本上的知识用在实际中,这才是读书的真谛。比赛结束了,我俩在重庆街头,悠闲地喝着啤酒,吃着火锅,感受山城的魅力。要感谢比赛,是比赛让我看到了差距,是比赛让我明确了目标,是比赛为我增加了动力,是比赛让我认识了中国民航大学的李宏宇。

"你不是一个人在战斗"。我工作的时候,姜舟还在上研究生,虽然在一所学校,但没有师生关系,姜舟是吕由的学生,师生同为辅导员,又同时出现在一个赛场也是一段佳话,在市赛和片区赛,我们因姜舟的出色表现骄傲,因为她是师大培养出来的学生,同时姜舟披着天津财经大学的战袍出征,承载着财大辅导员的嘱托与希望。一路走来,我见证了姜舟的努力,看到了财大团队的辛苦付出,当然,姜舟也没有让众人失望,场上的表现可圈可点,做好自己,剩下的交给评委。我是一个抗压能力不强的人,关注的人越多,身上的担子会越重,从而影响实际水平的发挥,我有时候想,如果把我换成姜舟,是否能承受住她这半年以来的压力。这种压力是无形的,也不是外界给的,而是每一个有担当的辅导员都会有的,谁都想赢,都想以优异的成绩回报关心我们的学校、师长、学生,都想不断刷新自己的荣誉榜单,都想为职业生涯添上浓重的一笔,也就是因为有这样一群敢于担当,锐意进取,发奋图强的队伍,我们国家的思想政治教育才能越做越好。从赛场下来,姜舟面对一直陪伴她的领导委屈地说:"发挥不好,对不起您借我的这身衣服。"我们笑了,这就是最真实的姜舟,也是辅导员的内心写照,每一名辅导员背后有多少支持的人,又有多少难忘的瞬间,这些才是最应该珍惜的。认清方向,心无旁骛,我们不是一个人在战斗!

中午和渤洋、宋燕一起吃饭,话题内容除了考试没别的,这是连日来大家落下的"病根"。在基础知识环节比赛中,宋燕果不其然,又以81.94的成绩进入第一梯队。赛场上除了实力也要靠运气,战场瞬息万变,谁也说不清下一秒会发生什么,面对运气我们无能为力,就像在赛区赛,我也因为不到0.1分的差距无缘下一轮,燕儿的天平今天也发生了倾斜,但她乐观开朗的态度不变,我们品尝着重庆最有特色的美食,在麻与辣之间讨论更为辛辣的比赛,燕儿迅速地把情绪调整到比赛状态,与我们一起分析赛场上的得与失。2012年8月6日,第三十届奥运会体操男子吊环决赛在伦敦的北格林威治体育馆进行,完美发挥的中国选手陈一冰最终倒在了裁判的打分面前,裁判双重标准的打分方式最终让巴西人站上了最高领奖台,而陈一冰只能遗憾地获得银牌。"允公允能,日新月异"的校训,表达了南开人的价值取向和精神追求,"允公允能"意为既有公德,又有能力,"日新月异"意即与时俱进,每天每月都要有所创新和发展,宋燕作为南开人,正用自己的实际行动践行着南开校训的精神力量。

朋友圈里的问候是团队的精神食粮,工作劳累时互相调侃,有好事大家一起分享。群里无人说话,看似平静的对话框里,只要有一人投下石子,定能引起阵阵涟漪,而投下石子的往往就是霍虹。我实在想不出用什么样的词来更好地形容霍虹对朋友的热情,对工作的激情。在《非常10+1》那篇文章里,我猜想她的气质为多血质与胆汁质结合,通过后面的比赛我更加坚定了当初的判断,胆汁质的人性情直率,精力旺盛,能以很高的热情埋头事业,兴奋时决心克服一切困难,多血质的人热情、有能力,适应性强,交际面广,精神愉快,机智灵活,霍虹占全了。片区赛结束,我们十人都生病了,感冒、上火、嗓子发炎。菊花、胖大海一时间成了聊天的热词。来重庆的第二天,我和霍虹才见面,而且是在赛场,连日生病及舟车劳顿让她略显憔悴,身体是革命的本钱,这句话一点都没错,尤其是一线辅导员,没有好身体,怎么能将教书与育人相结合?没有好身体,怎么能将教育与管理相结合？没有好身体,怎么能将理论教育与社会实践相结合？霍虹成绩出色,同在大学城的我一样感到高兴。

用三个场景来表现杨漫路。第一幕,赛前培训,我只见到漫路一面,听说她一直忙于录制班会视频,片区赛她的班会排名第一,可以直接拿来参赛,重新录制只能说明她精益求精。第二幕,参加国赛,漫路是晚上 7 点多的机票,下班后才赶到机场,套用一句话"站好赛前最后一班岗"。第三幕,漫路来参加比赛,天津大学派出了史上最强观摩团,说明学校对比赛的重视。由于赛程原因,我没有到现场去领略漫路的风采,但几次同场竞技下来,我对颜值高、脾气好的她信心满满,我有足够的理由相信,温婉的辅导员在实际工作中有着更好的效果。情绪激动的遇见漫路,冷静；桀骜不驯的遇见漫路,淡定；抑郁烦闷的遇见漫路,共情。做好辅导员工作,前提就是耐心,复杂的事情简单做,你就是行家；简单的事情重复做,你就是专家；重复的事情用心做,你就是人生赢家。漫路是辅导员的缩影,她的身上体现了辅导员的职业素质。在新形势下,如何培养人？培养什么样的人？这是所有教育者思考的问题,比赛虽然落告一段落,但前进的脚步永不停息。

吕由、老姜、王颖、素玲坚持在工作岗位,通过网络与我们同步,团队不在人多,而在于心齐。用我们最近说得最多的话来结束这篇博文。一个字,干；两个字,加油；三个字,让我来；四个字,积极思考；五个字,责任我承担；六个字,有谁需要帮助；七个字,目标一定会实现；八个字,所有辛苦不会白费；九个字,我要成为多付出的人；十个字,只有努力才能证明实力。在此次比赛中,天津获得了最佳团队奖,非常 10+1,锵锵七人行。

2015 年 5 月 18 日

十人一台戏

　　今天是六一，朋友圈里被各种礼物刷屏，我认为全民过六一的现象挺好，童心未泯的男女老少能在今天想起儿时的伙伴，回忆幸福的童年也是一种情怀。如今的节日已经没有年龄界限，大家过完五四过六一，重阳、清明也要出门转转，所谓节日只不过是聚会的一个由头，快节奏的生活里能保持良好的心态并与朋友联系是很难得的事情，我也趁大好光景完成三部曲的最后一篇。

　　我有很多微信讨论组，但活跃的甚少，越是人多的群越没人说话，或者被无聊的广告刷屏，很多人在群里成了"僵尸"号。但有一个群从建成那天起一直很热闹，从讨论学习到日常工作交流，从不着四六的开玩笑到充满乐趣的家庭生活，无话不说。这个群的活跃度在我网络分组 TOP 排行榜里占据榜首，这个群就是曾经奋战全国辅导员职业能力大赛天津队的十名成员，相同的工作让我们有说不完的话。

　　我对老姜的评价是黑猫警长，肤色像，反正他比我黑，召海同志的范儿一看就让人觉得踏实、稳重，这就是成熟辅导员的基本素质。辅导员的工作除了青春活力更要敢于担当。正义感像，在长春伪满皇宫参观，老姜直言抨击不正确的社会现象，他的刚正不阿让我佩服。忙碌程度像，黑猫警长为了维护森林治安每天和一只耳斗智斗勇，而他的案头也堆满工作需要的文件与笔记。其实每个辅导员都一样，不了解辅导员工作的人觉得我们工作很清闲，其实不然，走进辅导员的世界去看看，去感受下。最后一点就是责任感像，黑猫警长是正义的化身，把保护弱者当成己任，老姜是这样，群里其他战友也是这样，所有辅导员都是这样。六一，祝 80 后的姜召海节日快乐，祝 90 后的天津职业技术师范大学所有同学节日快乐！

童年一部小众的动画片让我眼泪哗哗地流，直到今天我都称之为经典，这部动画片叫《雪孩子》，片子里朋友之间的友谊单纯而伟大，雪孩子就是我对吕由的评价。双鱼的独特气质能帮她更耐心细致地开展工作，但也更容易忘记自己。我的老师曾告诉我"做人的工作最复杂"，辅导员工作在一线，接触的人与环境多变，面对一些棘手的问题，是感性战胜理性，还是理性压倒一切，这个度不好把握。聚会的时候大家围绕一个案例展开讨论，在我看来每个人的思路都可行，都能稳妥地处置，唯独吕由的思路引起争议，我明白她更想把人文关怀融入到工作中，这就是双鱼。六一，祝 80 后的吕由节日快乐，祝 90 后的天津师范大学所有同学节日快乐！

还能想起阿凡提智斗巴伊老爷的睿智吗？骑着小毛驴的阿凡提为保护穷人愚弄贪婪的地主，小时候能让我开怀大笑的动画片就是《阿凡提》了，是唯一不是之一。阿凡提就是王渤洋的卡通形象，为什么？因为聪明。他不仅能说更能写，在此不再对渤洋的知识储备去做重复评价。我说他像阿凡提，是因为他说话时的灵动劲儿，在台上演讲，渤洋的激情能带动场下观众的情绪，乏善可陈的话题让他说得激情四射，这就是魅力和能力。生活中的渤洋慢条斯理，没有场上那么亢奋，这点也是阿凡提的范儿。六一，祝 80 后的王渤洋节日快乐，祝 90 后的南开大学所有同学节日快乐！

下面这部动画片是我的收藏品，因为喜欢我买了正版的 VCD。动画片用拟人化的手法刻画了飞行员和坦克手之间的友谊，说到这，我相信很多 80 后都已猜到名字，这是童话大王郑渊洁老师的作品《舒克和贝塔》。对于这两个卡通形象，王颖和杨漫路最适合不过了,姐妹俩来自于一个学校,我们互相直呼其名,只有漫路亲切地喊着"颖姐",聚会的时候她俩说个没完,散场了两人还在那"矫情",走近一听才知道二人商量关于赛事交流的事情,学校高度重视辅导员队伍建设,要让她们做一期分享,两人在细节上交换意见,这份认真值得点赞,但对于聚会,提出批评,除了工作还能说点别的吗?这就是辅导员的生活,我们因工作结缘,话题又怎能少了工作?六一,祝 80 后的王颖、漫路节日快乐,祝 90 后的天津大学所有同学节日快乐!

儿时的我以能有根金箍棒为梦想,能把神话传说演绎到全民皆知,深入人心,除了《西游记》还有哪部作品能及?喜欢西游记是因为喜欢孙悟空,我们团队里也有这样一位有魅力的人,比赛结束,立刻就有粉丝上前要电话,完全无视我等存在,一下台立刻就有鲜花送上,完全不顾及我的感受,小伙伴称他为"女神粉碎机",我只能充满醋意地说"看看你们一个个没见过世面的样子"。玩笑归玩笑,服气还是要服气的,有时候我也搞不懂金牛座的他为啥这么牛。我找到答案,他的思路巧,真的就像孙悟空一样聪明,遇到困难都能想到办法,他能在浩瀚的文海里找到需要的知识点,关键时刻还能用得上。我一直都没说他的名字,估计他自己都着急了。六一,祝 80 后的李宏宇节日快乐,祝 90 后的中国民航大学所有同学节日快乐!

用葫芦娃来代表霍虹纯属无奈,国产动画片里女性角色少得可怜,鲁西西太单纯可爱,不能完全代表霍红豪爽的性格,只有葫芦娃能配上她的能力。其实还有一部动画片也能用上,就是《大头儿子小头爸爸》,聚会时霍虹带着孩子参加,小家伙聪明、听话,让人喜欢,四岁的孩子不哭不闹,非常有礼貌,我们到家了,微信里传出她家宝贝对叔叔阿姨们的问候,霍虹对孩子的教育是成功的,工作只是我们的一方面,更重要的还有家庭。六一,祝 80 后的霍虹节日快乐,祝 90 后的天津理工大学所有同学节日快乐!

为啥要用九色鹿来代表宋燕?第一,美丽,宋燕的美丽场上场下都有体现,场上自信,场下活泼。第二,多变,场上一身职业装,下台立刻换上牛仔 T 恤。第三,好动,九色鹿奔波于天地间,一没有比赛,她立刻背起行囊开始穷游。第四,善良,九色鹿舍己助人,辅导员也是在助人,帮助大学生健康成长,为青春引航。辅导员工作繁琐,总有没完没了的事；辅导员工作细致，需要认真用心，来不得一点马虎；辅导员工作忙碌，多少个夜晚在医院陪伴生病的学生，多少个夜晚被急促的电话铃声吵醒，又有多少个夜晚到派出所处理突发事件。所有辅导员就像九色鹿一样不知疲倦地奔波，甚至有时身临险境，我们知道自己的责任，知道前进的方向。六一，祝80后的宋燕节日快乐，祝90后的南开大学所有同学节日快乐！

姜舟年龄最小，也最适合过儿童节，年龄虽小，但本事不小，我找个最贴切的形象代表她，哪吒。哪吒为了陈塘关百姓的安危不畏强权，大战龙王的故事可谓是中国神话中的点睛之笔。姜舟也是这样，工作没几年就代表学校出征，一次第一是偶然，而连续问鼎就是必然了，过程固然困难，但收获很多，除了荣誉还有满满的友谊，这种体会别人没有，这种经历别人没有，就这些，她俨然成为胜利者，哪吒经历万千艰辛最终修成正果，姜舟同样，现在所遇到的困难只不过是成功的考验。六一，祝80后的姜舟节日快乐，祝90后的天津财经大学所有同学节日快乐！

最后是我，话不多说，找个属于自己的卡通形象，那就是马良，这属于全体美术生的形象，在未来的道路上，用画笔勾勒出最美的人生蓝图。六一，祝天津师范大学美术与设计学院所有同学节日快乐！

这是我三部曲的最后一篇博文，《非常10+1》《锵锵七人行》《十人一台戏》，记录那段经历，展望未来生活。辅导员是可爱的人，他们用心与大学生一起成长，辅导员也是可敬的人，他们中有很多榜样，六一到了，祝所有70、80、90后的辅导员节日快乐！学校搭舞台，我们来唱戏。

2015 年 6 月 1 日

CHAPTER 2
第二章
时事热点

爱 国

　　不和谐的声音影响祖国,不安定的因素干扰北京奥运会。奥运火炬在世界各地传递过程中遇到了一些阻碍,全世界人民看到了破坏和平者的丑陋嘴脸。

　　除了阻扰,也有很多感人的场面,火炬手与群众团结一心,保护奥运圣火传递。同学们的爱国热情空前高涨,手拿国旗,高唱国歌,走上街头,大喊支持奥运、抵制分裂口号,海外学子和华侨在奥运圣火传递过程中,用身体筑成了一座红色长城,让一切敌对势力胆战心惊,让世界震撼,我们有祖国做后盾,不惧怕一切挑衅。

　　同学们理性表达自己的爱国,没有被别有用心者利用,不法分子想通过民众的爱国热情怂恿大家做出破坏社会稳定的极端行为,引起混乱,这些阴谋不会得逞。爱国不等于破坏,宽容不等于胆怯,我们清醒地认识到经济建设不易,稳定团结对于国家发展,百姓安居乐业起着重要的作用,也坚信祖国能将 2008 年北京奥运会办成历史上最成功的一届奥运会。

　　爱国是每一个公民最起码的素质,也是中华民族的优良传统,早在春秋时代的《战国策》中就出现了"爱国"一词；东汉荀悦的《汉纪》中就有"爱国如家"的说法，受传统儒释道思想影响，中国人的爱国表现含蓄，但含蓄不代表没有血性、无原则、无底线。儒家提倡"仁爱天下"，道家提倡"道法自然"，佛曰"慈悲为怀"，中国人很包容，但这种包容不代表胆怯。

自古以来，中国人将国家荣誉、尊严摆在至高无上的地位，为了国家可以"舍生取义""杀身成仁"，汉代苏武被扣异邦 19 年，持节牧羊、宁死不降；京剧大师梅兰芳先生蓄须明志，不为日本人演出；朱自清教授病魔缠身，不领取外国人一粒救济粮。

爱国是高尚的，除了热血更要明辨是非。在网络飞速发展的今天，历史虚无主义有蔓延趋势，"逢党必黑，逢中必骂"的一小撮人兴风作浪，良莠不齐的新闻，过激的言论，谩骂、嘲讽、诋毁充斥荧屏。敌人利用网络无国界性散发有毒信息，激化矛盾，借机挑起事端。今天的爱国不一定是走上街头，振臂高呼，而是自觉抵制流言蜚语，不再传播，自觉地与国家，与人民站在一起。

不要听信谗言，更不要参加非法集会，也许别有用心者就混在其中，上蹿下跳、怂恿挑唆，也许他们在人群中高喊反动口号，借机进行打、砸、抢、烧的违法行为，他们将爱国游行变性为破坏社会秩序的非法集会，这会给国家形象抹黑，给正常生活带来影响。

在复杂的国际国内形势下，大学生要保持冷静，时刻把拥护党的领导，维护祖国统一视为己任，团结一心，发奋图强，建设好国家才是爱国的表现。

2008 年 4 月 27 日

我的爱国
是这样表达的

我爱我的祖国。

这两天全国几大城市爆发反日游行，青年朋友为主力军，尽管被爱国之情所感染，但看到几则新闻报道后，五味杂陈。

某地游行，个别人砸毁沿路的日本品牌汽车，砸毁卖日货的商店，偷盗抢劫，甚至伤人。应该冷静下来思考，如何正确看待国际问题、合理表达个人意见、有尺度发泄不满情绪，能否把混进游行队伍中的违法犯罪分子辨别出来。我相信那些砸店毁车的人不是受过高等教育的大学生，更不是爱国者。

意识形态安全是国家政治安全的前沿阵地，互联网又是言论集中地，爱国应该自觉加入到清朗网络的队伍中来。经常在网上看到过激的语言，无端的指责和不堪入耳的谩骂，更有人编造事实，混淆黑白，激化矛盾，挑起事端，打着爱国的旗帜鼓吹西方普世价值，否定我国历史与道路，这是爱国吗？不是，是居心叵测。

国是我们的国，家是我们的家，人民是我们的人民。我们要有节有理有据地表达爱国热情,要让互联网将中国青年学生的最强音传到世界,国家强大,社会安定,人民一心是外交的强大后盾。

爱国是发自心底的激情,更是心中坚定的信念,这种信念植根于我们中华民族不甘耻辱、不屈不挠、自强不息、奋发图强的精神中。"祖国如有难,汝应作前锋。"是无数陈毅将军式的共产党员用血肉之躯把我们多难的民族拖出了地狱。

"我是炎黄子孙,理所当然地要把学到的知识全部奉献给我亲爱的祖国。"是无数李四光先生这样的优秀中华学子,身在他乡为国争光,学成之后不为国外荣华富贵所动,毅然回国投身祖国的建设事业。

周总理在少年时就立志"为中华之崛起而读书",并与同代人相约"愿相会于中华腾飞于世界之时!"这是何等远大的志向、何等坚定的信念,无论何时何地,在亿华儿女心中价值的天平上,祖国永远是最重的砝码。

在中华民族精神的滋养下,爱国的激情、爱国的信念发芽、成长,并结出累累硕果。事实证明,中华民族的历史就是一部爱国主义的历史、一部民族自强不息的历史,伟大的中华民族精神永远伴随我们前行。

2010 年 10 月 20 日

奥运时间

（一）

第四天，中国队以 13 金傲踞榜首，从奥运会开幕那天，我的生物钟就调到英国时间，每天看比赛到凌晨四五点，只要有中国队的比赛，我的心跳就没下过 120，比场上选手还紧张，比解说还激动，每当听见国歌响彻全场，就内心澎湃。

中国健儿夺金后没有骄傲自满，在接受采访时谦虚低调，用平和的心态总结比赛，面对个别西方媒体的挑衅，坦然淡定，有礼有节，彰显中国的大气。

叶诗文两枚奥运金牌创造历史，自从打破女子 400 米混合泳世界纪录后，中国小将除了收到各方祝福，她的超人速度也遭到了国外媒体"质疑"，包括美国高级教练约翰·莱昂纳多等人都表示难以置信。

叶诗文说："自己的成绩来源于勤奋和训练，不会使用任何禁药。"200 米夺冠后接受采访，一位记者发难，叶诗文义正词严地回击了他。

中国运动员是经得起考验的，无论是奥组委还是国际泳联，无论是体坛名将还是普通观众，都在声援叶诗文，一轮轮检测，一份份结果给不负责任的外媒一记响亮的耳光。

叶诗文是打了"兴奋剂"，是给全体中国人打了一针"兴奋剂"。

（二）

奥运会看得心累，不是运动员的竞技状态不佳，而是裁判喧宾夺主成了焦点。

意大利女裁判保拉·邦格里，四次判罚丁宁发球违例，黄牌红牌一起上，直接影响她的发挥，完败给队友。

女子自行车团体争先赛，由郭爽、宫金杰组成的中国队获得金牌后被判犯规，最终德国队获得冠军，中国队获得银牌，外界一片哗然。

中国队在男子沙排和柔道项目中都遇到误判，遗憾出局。在女子水球项目中，中国队也因为裁判问题输给了匈牙利队，夺金希望非常渺茫。男子 77 公斤级举重决赛，吕小军在抓举中因为裁判失误失去了第三次冲击更好成绩的机会，险些丢掉金牌，这些只不过是本届奥运会裁判误判的冰山一角。

从开幕到今天，伦敦奥组委收到了很多参赛国的抗议，韩国代表团几乎每天都要申诉一次，日本、印度、德国、意大利等国也申诉过，误判影响情绪，让许多有实力夺金的运动员饮恨伦敦。

围绕哈萨克斯坦两名女子举重运动员国籍的争论刷屏。在女子举重 53 公斤级的比赛中，哈萨克斯坦的祖尔菲亚技压群芳一举夺冠，赛后中国媒体惊爆，她就是土生土长的湖南籍运动员赵常玲。随后女子举重 63 公斤级的比赛，哈萨克斯坦选手马内扎一举夺冠，媒体发现这位姑娘是来自辽宁的姚丽。这两个冠军都是中国培养的，在 2007 年被交换到哈萨克斯坦，但她们均否认是中国人并拒绝记者中文提问。

14 个月前，李娜在罗兰加洛斯网球场赢下最后一分兴奋地躺在红土场上，她成为中国体育迷的宠儿,这样的荣誉也让李娜成为本届奥运会最受期待的中国运动员之一,事与愿违,被寄予厚望的她早早折戟。

18 枚金牌让人兴奋,期待国旗的再次升起。

(三)

一金两银,在过去的一天,中国队的收金速度放慢,值得高兴的是帆船基础薄弱的我们能拿到一枚金牌,弥足珍贵,遗憾的是陈一冰的完美表现征服了观众,却征服不了裁判。

上届冠军陈一冰在决赛中无可挑剔地完成了动作,落地也纹丝不动,巴西选手纳巴雷特难度分和陈一冰同为 6.8,落地时迈了一步,然而巴西人最终完成分却比陈一冰高了 0.1 分,并以 15.900 分超越中国"吊环王"得到金牌,这也是巴西男子体操史上的奥运首金。

陈一冰虽然输了比赛,但赢得了尊重,在他完成全套动作后,他向观众伸出食指代表第一的意思,并轻吻吊环的固定柱以示庆祝,当对手最后超过他时,陈一冰主动拥抱并赞扬竞争对手,向他表示祝贺,丝毫看不出沮丧、不满,博得全场观众的欢呼。

陈一冰的举动才是真正的"激励一代人",才是践行奥林匹克精神,2004 年雅典奥运会,28 岁的俄罗斯老将涅莫夫第三个出场,他在杠上一共完成了直体特卡切夫、分体特卡切夫、京格尔空翻、团身后空翻 2 周等连续 6 个空翻和腾越,非常精彩,但最后成绩只有 9.725 分。全场观众起立挥旗表示不满,并持续发出十多分钟嘘声,齐声高喊"涅莫夫",比赛被迫中断,本应该上场的美国选手保罗·哈姆虽然准备就绪,却只能双手沾满镁粉站在原地,涅莫夫亲自安抚,顷刻观众安静下来,比赛才得以继续。除了金牌还有一种东西让人感动,那就是对公平的呼唤,对奥林匹克精神的渴望和尊重。

陈一冰和涅莫夫一样,失去了金牌,但赢得全世界观众的掌声。过不了多久,人们就会淡忘冠军,但不能忘记陈一冰和涅莫夫的微笑。

"更快、更高、更强"是奥林匹克的格言,"团结、友谊、和平、进步"不仅是奥林匹克运动及世界体育的宗旨,也是全人类向往和追求的共同目标。

(四)

昨日的三枚金牌依然掩饰不了伦敦赛场的悲情。

伤病让刘翔折翼伦敦,他再次倒在跑道上,当他单腿跳完比赛,多少国人为之惋惜。刘翔是一个传奇,21 岁获得奥运冠军,成为跑得最快的亚洲人,但也因北京奥运退赛成为众矢之的。

男子三米跳板的冠军旁落他人,中国梦之队再次包揽跳水 8 枚金牌的愿望破灭。女排女篮双双告负,在展示整体实力的集体项目中,中国军团全军覆没。

这是历届奥运会集体项目成绩最差的一届。中国男篮五战五负,小组垫底,女篮最终获得第五名,女曲和女排被挡在半决赛之外,男女足球根本就没有取得参赛资格。

相比中国集体项目不如人意的表现,邻国日本和韩国取得了长足的进步。日本的球类项目爆发,男足打进四强,女足战胜法国进入决赛,韩国女足也进入四强,日本女排战胜中国队,24 年后再次杀入奥运会四强,女子曲棍球则在小组赛最后一轮战胜中国,将中国女曲挡在半决赛之外。

台上三分钟,台下十年功,我们不会因为成绩否定运动员付出的努力,运动员不是一般人能做的,不仅需要天赋,更需要毅力,需要数十年如一日的坚持。

比赛场上有输赢,数年拼搏就为国旗升起的一刻,比赛场上又无输赢,能站在奥运赛场就已经成功,"参与比取胜更重要",这是奥林匹克的信念。

（五）

后程疲软困扰中国奥运军团，接下来的赛事我国已无优势项目。

昨天零金略显尴尬，但可喜的是中国花游队取得一枚"含金量"极高的银牌，三十年，中国花游从白手起家，几代人的努力得到回报。

奥运赛场瞬息万变，中国名将张文秀在女子链球比赛中到手的铜牌被夺，中国队向国际田联提出申诉，但被认为理由不成立，驳回申诉，至此中国代表团在本届奥运会上的两次申诉全部被否决。相比之下，韩国队进行四次申诉，两次成功两次被驳回，日本和德国各有两次申诉，全部成功。

拳击赛场，险象环生，邹市明多次遭到不公正待遇。他的对手巴恩斯是爱尔兰人，占据着半个主场。面对邹市明的"海盗"打法，巴恩斯多次使用摔跤技术，并且还有用膝盖进攻的犯规动作，然而裁判却连一次警告都没有。

奥运会不只是体育竞技场，更是人性的展示台，是生活的一次高度浓缩，是人生哲理的集中展示，不去追问不公，我们只有用绝对实力才能证明自己。

0.01 秒的领先，0.01 环的分别，1 分的差距，1 斤的重量就会改变局面，这就是竞技比赛的魅力。正因为不同语言、不同肤色选手之间公平公正地较量，正因为饱含泪水和欢呼的真情，我们才把奥运会称作是一场人类的庆典。

（六）

体育大国与体育强国的定义在讨论，"唯金牌论"与"金牌多少无所谓"的争论也在继续，如果说三大球的金牌含金量无与伦比，考验人的团结协作，那么田径更能体现人类挑战极限、超越自我的能力。

在跑道上，我们看到中国运动员的进步，越来越多黄皮肤的中国人出现在田径赛场,而这在十几年前还都是梦想,中国速度正在一步步接近世界速度。

1992 年巴塞罗那第 25 届奥运会,庄泳获得女子 100 米自由泳金牌,这是中国运动员获得的第一枚奥运会游泳金牌;2008 年 8 月 10 日上午,在北京水立方,21 岁的张琳创造历史,他获得中国男子游泳历史上首枚奥运会奖牌;伦敦奥运男子 400 米自由泳,孙杨以 3 分 40 秒 14 破奥运会纪录的成绩夺得冠军,这是中国男子游泳历史上夺得的第一枚奥运会金牌,这些第一次让我激动。

巴塞罗那,中国五朵金花获得 4 枚游泳金牌后跌入低谷,悉尼奥运会游泳项目,中国金牌颗粒无收,亚特兰大、雅典、北京三届奥运会,只获 1 金,伦敦奥运会 5 金 2 银 3 铜让我们重燃希望。

国人对金牌的态度正在发生变化。1984 年,许海峰为中国赢得首枚奥运金牌,令整个国家感动落泪。五星红旗升起,国歌奏响,奥运金牌提升我们民族自豪感,被视为中国屹立世界之林的一个标志。今天中国已无须用奥运金牌证明国家尊严,只要站在奥运赛场上的运动员都能得到掌声与欢呼,都能受到英雄般的礼遇。

奥运,我的激动来自于对体育的着迷,对竞技的吸引,对偶像的崇拜,更是来自于心底对祖国的热爱。

2010 年 8 月 11 日

霾·昆明

昆明,历史文化名城,云南省唯一的特大城市,美丽的自然风光、灿烂的历史古迹、绚丽的民族风情,使昆明跻身为全国十大旅游热点城市,26 个民族的人民在这里安居乐业,但这片令人向往的热土依然没有逃脱恐怖的阴霾。

凌晨 12 点,一则新闻让我惊醒。10 余名统一着装的暴徒蒙面持刀在云南昆明火车站广场、售票厅等处砍杀无辜群众,我简直不敢相信自己的眼睛,爬起来打开电视,寻找相关新闻来证实网络中的真伪,我宁愿相信这是一条网络中的假新闻。

从最早新闻报道的 1 人遇难、29 人受伤,到今早暴力案件已造成 29 名群众遇难、130 余名群众受伤,伤亡数字不断攀升让人心痛,遇难的人里有一家三口,有打工的夫妇,有未成年的孩子,都是手无寸铁的老百姓。从凌乱的行李中能看到当时群众慌乱逃跑时的恐惧,从遍地的鲜血能感受到伤者痛苦的表情,从抱头痛哭看到了心有余悸、不安和紧张。残忍的手段,血腥的暴行,令人发指,无辜生命骤然消逝,使数十个家庭坠入深渊,造成难以弥合的心灵创伤。

今天的《人民日报》发表一篇社评,文明底线不容挑战,法律尊严不容亵渎。暴力恐怖犯罪漠视基本人权,践踏人类道义,手段残忍,危害极大,对这样的暴力恐怖犯罪活动决不能手软,要坚决打击、严厉制裁。无论是谁,只要触犯了法律,只要危害人民群众生命财产安全,都要坚决依法处理。对于那些胆敢以身试法、搞暴力恐怖活动的犯罪分子,要依法从严惩治,绝不姑息,绝不手软!只有这样,才能减少人民群众的生命财产损失,有力维护社会稳定、捍卫法律尊严。

习总书记发话了,"依法从严惩处暴恐分子,坚决将其嚣张气焰打下去"。掷地有声,铿锵有力,这声音是中国的最强音,是中国的好声音。

2014 年 3 月 2 日

美·新疆

昆明的恐怖暴力事件过去两天,在强有力的保障下,社会渐渐恢复平静,尽管事件给民众心理造成的创伤还需要一段时间平复,但中央反恐的决心与力度让我们感到安全,国家有能力有实力面对一切挑衅。

这两天媒体新闻都在报道此次事件,其中一则新闻吸引了我。在昆明义务献血的现场,一名维吾尔族青年的出现引起大家异样的目光,甚至有人躲避,小伙子在献完血后满含热泪地对大家鞠躬并大声说:"那群拿刀伤人的人,他们不配做新疆人,不配做维吾尔族人,但我还是想说。对不起!"我们在暴力事件发生后难免会戴上有色眼镜看待地域,难免会产生厌恶、恐惧,但请记住,在乌鲁木齐暴恐事件中,很多受害者也是新疆人,在那片热土上,维吾尔族同胞对恐怖分子深恶痛绝。

2011年本准备去新疆和田挂职工作,但安排有变,我去了甘肃,同事奔赴新疆。从他发布的文章、图片中,我看到一个风景美丽、民风淳朴、载歌载舞的地方,那里瓜果飘香,风景宜人,那里的人民勤劳朴实,热情好客。

新疆兼容并蓄了世界上屈指可数的若干大山脉、大冰川、大沙漠、大绿洲、大草原、大森林……帕米尔、昆仑山、天山、阿尔泰山,白雪皑皑,冰河横溢;塔里木、准噶尔两个盆地平坦开阔,瀚海无垠;众多的山间盆谷地貌更是千差万别,伊犁谷地降水丰沛,山清水秀,宛如塞上江南;尤尔多斯盆地湖泊连片,水草丰美;吐鲁番盆地低于海平面,堪称火洲。新疆是博大、雄险、奇异、特征鲜明、景观殊异的广袤大地。

新疆三大山脉的积雪、冰川孕育汇集为 500 多条河流,分布于天山南北的盆地,塔里木河、伊犁河、额尔齐斯河、玛纳斯河、乌伦古河、开都河等河流的两岸,都有无数的绿洲,颇富"十里桃花万杨柳"的塞外风光。博斯腾湖、艾比湖、布伦托海、阿雅格库里湖、赛里木湖、阿其格库勒湖、鲸鱼湖、吉力湖、阿克萨依湖、艾西曼湖仿佛沙漠中的明珠让人流连忘返。

1958 年 6 月 28 日下午,历经坎坷,75 岁的库尔班•吐鲁木大叔骑毛驴到了北京,受到毛主席的亲切接见。他紧紧握着毛主席的手,久久不舍得放开,他抬头望着慈祥的毛主席,千言万语不知从何说起,一张珍贵的照片永远凝固在历史的记忆中。

美丽的胡杨林是一种精神。生,一千年不死;死,一千年不倒;倒,一千年不朽;朽,一千年不灭。极少一部分极端分子不能代表新疆,更不能代表维吾尔族人民,我们爱和平,我们爱新疆。

2014 年 3 月 3 日

红·北京

从写完《霾·昆明》那天起,脑子里就一直构思着主题为"红"的博文,想在阴霾还未散尽的社会中传递正能量,尽一个爱国者的责任。

红,自古以来都是中国人的吉祥色,红色代表着顺利、喜气、热烈、奔放、激情、斗志。在古老的中华民族传统中,红色有驱逐邪恶的功能和寓意。

历朝历代,许多宫殿和庙宇的墙壁都是红色,在中国的传统文化中,五行中的火所对应的颜色是红色,八卦中的离卦也象征红色。红色能激起人的斗志,奥运赛场上我国健儿都身披红色战袍,可以说红色代表着中国。

两会从不缺亮点,无论场内场外,记者总能给我们带来最新鲜的话题。今年政协新闻发言人吕新华在记者招待会上的一句"你懂的"引全场大笑,增添了轻松气氛,让人们紧绷的神经得到舒缓。

政协会开幕式上,首次以"全体与会人员"的名义和形式为昆明暴力事件中遇难百姓默哀,也是首次为在暴恐事件中失去生命的百姓默哀,2172 个弯下的身段,是对生命的尊重。简单的仪式,片刻的寂静,凝结的似乎是时间和空气,其实凝聚的是人心,是整个国家与民众共同的力量。人们愿意将这个仪式当成是对会议的建言与献策所得到的回应,更是传递中国面对暴力恐怖不妥协、不遮掩、不轻视的态度与决心。

场内记者关注会议进程,场外记者关注会议花絮。从摄影师的镜头里我们感受到的是红色带来的轻松与美丽,无论是天安门城楼还是人民大会堂,无论是大会代表还是工作人员,无论是新闻媒体还是普通的志愿者,红色成为了今天北京最美丽的颜色。

看到一句暖心的话:"红色是北京的颜色,也是中国的象征。红色的宫墙,红色的灯笼,红色的春联……"

红色是激情和运动的颜色,红色是喜庆与祥和的颜色,红色是民俗与文化的颜色,红色,构成了人们认同北京的颜色。

2014 年 3 月 4 日

对英雄的记忆

今天是国庆前一天,忙碌的上班族即将迎来 7 天休息。在庆祝中华人民共和国成立 65 周年之际,也迎来了"首个烈士纪念日",我和同学们来到天津烈士陵园,缅怀先烈,告慰英雄,经历一次心灵上的洗礼。

英雄是无私忘我,为国家为人民作出贡献的人。随着年龄增长,我对英雄有了新的定位与认识,不是只有董存瑞、黄继光、罗盛教是英雄,也并不是冲锋陷阵,倒在战场上的人才是英雄,英雄也不全是有名有姓被写进历史的人,还包括很多默默无闻的群体,英雄不全是高大上的人物,还有很多小角色,英雄不是只在关键时刻才爆发能量,而是通过平时积攒才有最后一击。英雄是一个大的定义,凡是为了新中国的独立解放与建设付出宝贵生命的人,都能称为英雄。

英雄有大有小,我所说的大小不是指年龄,更不是身份。关键时刻力挽狂澜的可谓大英雄,可歌可泣;在平凡岗位无私奉献的可称小英雄,也要鼓励。英雄是一种精神,是一个符号,融合了中华儿女共同的信仰和价值观。这种宝贵的精神财富,在任何时代都弥足珍贵。"天下兴亡,匹夫有责"的自我觉悟,"苟利国家生死以,岂因祸福趋避之"的大义情怀,"青山处处埋忠骨,何须马革裹尸还"的壮志豪情,"在烈火与热血中得到永生"的伟大情操,无不闪耀着我们民族的精神光辉。

"忘记历史就意味着背叛。"今天历史虚无主义思潮荼毒我们,用假设否定事实,用支流否定主流,用主观分析否定客观规律,用个别现象否定本质趋向,甚至编造历史,肢解历史,颠倒黑白,从丑化先进人物到调侃老一辈革命家,从诋毁新中国建设取得的成就发展到否定中国革命的历史必然性。更可怕的是,历史泛娱乐化在影视、文学作品里出现,各种抗日神剧充斥荧屏,无所谓真相,无所谓历史,只为收视率。还有一些所谓的专家学者,把精力投入到为敌人"洗白"上,把不当言论带入课堂。晚清著名思想家龚自珍说:"欲知大道,必先为史。""灭人之国,必先去其史;隳人之枋,败人之纲纪,必先去其史;绝人之材,埋塞人之教,必先去其史;夷人之祖宗,必先去其史。"在是非判断上,我们要有清醒的认识。

常为晚年冰心拍摄照片的记者贾国荣在《冰心的遗憾》一文中写到,1994 年春,九十四岁高龄的冰心毅然对友人们说:"我要写一部大作品。"为此,老人多次提笔,可是,竟然一章也没有写出来。不是因为老,因为病,而是因为哭,因为大哭,因为一握起笔就禁不住老泪纵横地痛哭!哭得完全不能下笔,纸上唯有落下的热泪。对此,中国现代文学馆原馆长舒乙也有过描述:"暑天八月,我又去看她。她的家人悄悄告诉我,她清晨又曾大哭,只缘想起甲午海战,竟不能提笔,完全没法写下去……"最终,冰心老人只留下两行手书"以百年国耻激励后人,教育后人,前事不忘后事之师"。

艾丹老师说:"在一个国家和民族的发展轨迹上,总有一些身影令人动容,他们推动历史的车轮滚滚向前,他们将民族解放、国家复兴的重任扛在肩上,他们胸怀家国,舍生取义,他们用青春、热血、牺牲、奉献,换来祖国的繁荣昌盛。也许,纪念碑上并没有留下他们的名字,但是,人民永远不会忘记他们。"

2014 年 9 月 30 日

CHAPTER 3
第三章
有一说一

四级与诚信

四级成绩开始查询了，几人欢喜几人愁，从九点开始，我的电话就没停过，大家给我汇报结果。过的同学喜笑颜开，要请我吃饭；没有过的但心态很好，反正早知道过不了；也有伤心的，培训班也报了，单词也背了，但还是无法达到425分。

我不知怎么劝没有考过的同学，因为我也是从四级的阴霾下过来的，我一直希望学好英语，但也一直停留在那个美好的希望阶段，经历多次考试才通过，过程相当曲折。报补习班只是形式，很多同学认为报了班就能保过，这是误区，没有持之以恒，仅凭补课是不够的。

作弊设备越来越先进，什么"作弊联盟""诚信助考"也应景而生，个别学生铤而走险，但不得不说，不怕一万就怕万一，说不定下一个"倒霉"的就是你，在这方面，损失的可不是几百块钱，而是命运，这样的冒险，我不敢。今年六级考试，一个已经保送研究生的同学为了"锦上添花"，使用手机作弊，被巡考老师当场抓住，不但失去保研资格，连学位都没了，既可怜又可悲。

　　作弊是诚信缺失的一种现象,大学生诚信涉及学术科研、保送读研、成绩测评、社团活动、工作生活等方方面面,比如大家最关注的奖助学金评定。奖学金是对认真学习同学的肯定,对落后同学的激励,目前国家、社会都加大了奖学金的力度,无论种类还是金额都有大幅度增加。有的同学为了增加综合测评成绩,在外开具子虚乌有的社会实践证明,找一些没有任何效力的获奖证书,隐瞒选修课不及格的现象仍然存在,更有甚者私自篡改成绩,这些侥幸心理就是不诚信的表现。

　　人无信不立,诚信是中华民族的传统道德,被儒家视为"进德修业之本""立人之道"和"立政之本"。宋代理学家朱熹认为"诚者,真实无妄之谓"。商鞅变法,为了取信于民,立三丈之木于都市南门,招募百姓有能把此木搬到北门的,给予十金,百姓有所怀疑,无人来搬。商鞅又布告国人,能搬动者给予五十金,有个大胆的人扛走了这块木头,商鞅立刻兑现,以表明诚信不欺,从而使新法顺利地推行实施,把原本岌岌可危的秦国变成了历史上第一个统一中国的诸侯国。季布以真诚守信著称于世,时人谚云,得黄金百斤,不如得季布一诺。后来,季布随项羽战败,被刘邦通缉,不少人冒死出来保护,使他安全渡过难关,并凭着诚信受到重用。

　　诚信作为伦理规范和道德标准在价值观里有着重要的位置。诚信是立人之本,无形的身份证,"人而无信,不知其可"。一旦诚信出问题,人品就会受到质疑,难以在社会立足,旅行消费、贷款买房等现实问题都会吃闭门羹。诚信是齐家之道,是和谐稳定的基础,"夫妇有恩矣,不诚则离"。家人之间以诚相待才能和睦相处。诚信是交友之基,朋友间以诚相待方可推心置腹,"与朋友交,言而有信"。欺骗一旦掺入其中,友谊的小船说翻就翻。诚信是经商之魂,一纸合约签下的不仅是生意,更是未来合作的保障。诚信是心灵鸡汤,撒一个谎要用更多的谎言去圆,"反身而诚,乐莫大焉。"真诚无伪才可内心无愧。

　　四级,一个令人头痛的考试;诚信,一个经久不衰的话题。

2010 年 3 月 3 日

分 寸

拖着一身疲惫回到家中,最近很累,知道些许原因,但又不敢确定,说不好是为什么,是不敢,还是不愿,是不想,还是不方便,从开始打第一个字到现在我一直纠结着。写得真实不利于我,写得浮夸不利于读者,写得犀利直白容易让人联想,写得不痛不痒又没有力度。写了改,改了再改,根据今天和学生的讨论谈谈分寸。

中国传统社会的五种人伦,即父子有亲,君臣有义,夫妇有别,长幼有序,朋友有信,其实这就是五种为人行事的分寸。

儒家中庸之道的精髓,即"不偏不倚""过犹不及"的思想。道家思想里讲究和谐,适度原则,和谐就是适度,达到一个平衡点,一种最佳状态。这二者说到底也是分寸问题,为人处事,待人接物,无不渗透着分寸和火候的掌握。说话深浅、办事轻重、人际关系的远近、处世的高低姿态,都体现在分寸的把握上。中庸之道可不是平庸之道,是不要太过,也不要不及,这不正是分寸吗?

交情深浅不同,行为做事就不同。熟识的程度有别,说话方式亦有别,把握不当便会在分寸感上出问题。荀子《劝学》中说:"人们交谈,有问有答,不问而告,谓之傲慢;问一而告二,谓之多嘴。傲慢不对,多嘴亦不对。"君子说话要像回音那样,没发声就别回声,发一声就只回一声,这是分寸。

"人有悲欢离合,月有阴晴圆缺,此事古难全。"正是有了悲欢离合,才会有"但愿人长久,千里共婵娟"的美好祝愿,也正是有了月的阴晴圆缺,不失分寸地变幻,它才能永远让人们充满期待,期待圆满的那天。今人不见古时月,今月曾经照古人,这亘古不变的如华月光一直都在把人世间的沧桑浓缩。凡事不可做到十分,给自己留一个缺口,去突破,留一点高度,去超越。

宇宙间万物皆知分寸。老子云:"道法自然。"自然是懂得分寸的,它给了春生机,给了夏翠绿,给了秋成熟,给了冬素洁。四季有规律地轮回,变换得恰到好处。正所谓春有百花秋有月,夏有凉风冬有雪,若无闲事挂心头,便是人生好时节。

2010 年 6 月 24 日

熄灯之后

　　熄灯断电确实给我们的生活带来一些不便。刚泡完方便面,断电了;正借着点儿酒劲儿在网上向心仪的女孩表白,关键时刻断电了;游戏到了最后,眼瞅着英雄该升级了,断电了;比赛到了节点,姚明的最后一投刚出手,断电了;《越狱》下到了99%,断电了;吃完泡面,聊完 QQ,玩完游戏,看完美剧,突然想起四个星期前老师布置的作业明天该交了,正准备写,断电了,算了,睡吧,明天再说。

　　学校开始实行晚上熄灯,很多同学不理解,自己花钱买电,凭什么限制?质疑声,怒吼声不绝于耳。对此,很正常也能理解,习惯美国时间的同学一时还不适应,但不能理解的是泄愤扔下的满地饮料瓶。"同学,你也真调皮啊,我叫你不要乱扔东西啊,唉……乱扔东西是不对的,我话没说完,你怎么把暖水壶也给扔掉了,那是自己掏钱买的啊,乱扔会污染环境!砸着小朋友怎么办?就算砸不到小朋友,砸到花花草草也不好嘛。"

　　我上大学时,学校晚 11 点断电熄灯,那时电脑、手机的普及率还不高,百无聊赖的我们也会七言八语地数落熄灯制度不合理,也趴在窗户上大吼两声,也有很多"为什么断电"的疑问。后来我们习惯了 11 点之前洗漱完毕,习惯了熄灯后聚在一起头脑风暴,习惯了熄灯后漫无边际地神聊,习惯了熄灯后独自躺在床上思考问题,习惯了早睡早起。

熄灯为啥?为身体健康。很多同学刚进校时是运动健将,可年级越高,体质越差,私下一问,都是没有正常的作息时间,生活规律被打破,身体各项机能都下降了。假期,我连续数晚熬夜看电视剧,白天头昏脑涨,腰酸背痛,一到晚上精神又好起来。我一直以为这是小事,但后来严重的失眠让我重视睡眠问题。根据中医的理论,熬夜会造成体内器官阴阳失调,就是体内器官起内讧,互相打架,睡眠正是身体各器官进行自我调整的时刻,你侵略它的时间,它便侵略你的健康,晚 11 点到凌晨 1 点,肝排毒需在熟睡中进行,凌晨 1-3 点,胆排毒也要在熟睡中进行,而这些时间段,很多同学正面对电脑激战正酣,久积成病,体质自然会下降,每天 8 小时睡眠是身体银行最好的储蓄。

熄灯为啥?为调适心理。忙碌生活让我们疲于奔波,同学们穿梭于教室与宿舍之间,学习压力大,少有时间关照自己的内心世界。有份调查显示,我国因心理压力导致抑郁症的人数每年倍增,青少年增长速度更快。郁闷、纠结成为时下最流行的词语,白天上课,晚上游戏,哪还有时间去关照内心。以前同学之间问:"哥们,想啥呢?"现在问:"哥们,玩啥呢?"熄灯后,躺在床上静静抚慰内心,回忆过去,展望未来,是一件幸福的事情。

熄灯为啥?为人际关系。以前自媒体不发达,我们每天会去踢球、散步,晚上凑在一起聊天,同学之间关系融洽,精神生活丰富。如今电脑成为不可或缺的生活工具,我也离不开电脑,有时也会沉迷于虚拟世界,产生心理依赖,对现实中的人和物都不关心。宿舍因为作息时间不同,影响休息,引发矛盾的事例很多,其实这些算不上矛盾的矛盾都是因自控能力差,过于自我造成的,影响心情,影响学习。熄灯后,同学们走下网络和舍友聊聊天,拉近心与心的距离。

熄灯为啥?为保证学习。人一生最佳的学习时间就是大学阶段,记忆力好,精力充沛。有人说:"晚上熄灯还让不让人学习了。"我认为只要把白天时间充分利用,晚自习认真高效，11 点以后就可以踏实睡觉了，学习也要劳逸结合，所谓磨刀不误砍柴工。相反，不熄灯的夜晚是都在学习吗？不分昼夜的学习该提倡吗？晚上不睡，早上不起，或者睡眠不足，上课哈欠连天，会影响听课质量，结果是学习没搞好，身体也垮了。

3 月 28 日举行"为地球熄灯一小时"活动，在纽约，联合国总部的灯光熄灭，帝国大厦也是一片漆黑，埃及金字塔、悉尼歌剧院、雅典卫城、吉隆坡双子星塔、巴黎卢浮宫等地标建筑都熄灯一小时，在中国，百年故宫也第一次熄灯。每节约一度电，就能减排 1 千克二氧化碳，让保护环境从口号落实到行动，让爱护家园从一天延续到每天，让低碳生活从熄灯节电做起。

熄灯了，我们的身体更加健壮了，身心更加健康了；熄灯了，同学间的关系更加和谐了，学习成绩更加出色了；熄灯了，我们的校园更加美丽了。

2010 年 11 月 3 日

自己的事情
自己做

作为辅导员，除了面对学生，很多时候还要面对望子成龙的父母，他们有各种问题咨询我，天下的父母是一样的，对孩子的关心无微不至。

小时候，妈妈一边帮我洗袜子一边对我说："自己的事情自己做。"爸爸边帮我整理书包边对我说："自己的事情自己做。"老师检查红领巾，我忘戴了，给老师讲："都怪我妈妈，没帮我戴。"作业出错了，给老师讲："都怪我爸没给我检查出来。"每一个阶段都有一定的活动规则，对于孩子，吃饭、穿衣、叠被、系鞋带、整理玩具是自己该做的事情，对于中学生，独立完成作业、独立思考、整理内务就是该自己做的事情，那大学生，哪些事情又是该自己做的？

评奖学金，很多父母电话问我孩子学习成绩如何，能否获奖？关心成绩排名与学习情况，这些都是大学生自己该做的。发放助学金，接待个别来学校咨询的家长，父母在夸孩子如何刻苦的同时也会强调他们的独立能力很强，从小就不给家里添麻烦。我认为，少让父母跑路、操心，以优异的成绩获得助学金，勤工助学，这是我们大学生该自己做的。

80、90 后是沐浴在春风里长大的一代，全家人的核心，当各家核心聚在一起过集体生活，难免会出现摩擦、误会。每年新生进校，我都会给新生讲："集体生活要学会包容、谦让，有了矛盾要多从对方角度去想，退一步海阔天空，四年的集体生活会给每个人留下难忘的回忆。"当我接待因同学关系不睦来学校寻求帮助的父母时，当我接到一遍遍反映问题的电话时，我更希望大学生为人处事的问题由他们自己去做。

同学生病，我会接到父母替孩子请假的电话；同学犯错，我要找他谈话批评教育，学生未到之前，先接到父母求情的电话；同学因违反校纪校规受到处理，我也接到过父母指责、甚至是谩骂的电话。我不明白，大学生为何连请假也要父母代，更不明白，为什么不为自己的错误承担后果。

生活、学习、工作，父母能给建议，但不要强迫孩子如何去做，放开手脚，让他们自己选择人生。当儿女的，有什么事情，和父母多通报，拿不准的，征求一下他们的意见，可以少走弯路。琐事不要件件都说，说多了既解决不了实际问题还会给家人添堵，只有自己的事情自己做，才会得到锻炼，总结经验，才会真正地长大。

我国教育家陶行知先生说过："滴自己的汗，吃自己的饭，自己的事情自己干。"

2010 年 11 月 5 日

考试作弊的代价

今天是全国大学英语四、六级考试,我没有监考,本可以在家好好享受难得的周末,结果比监考还要忙,因为学生犯错了。

只要有考试就有作弊,从手写纸条到缩印小抄,从手机短信到无线耳机,从多功能手表到隐形直尺,科技的发展催生了越来越先进的工具,四六级考试也产生了畸形的"考试联盟"。个别考生见面问的第一句话不再是"考得怎么样?"而是"抄上了吗?答案准吗?"无论身边多少人,他们非常从容。

从公元 605 到 1905 年,整整 1300 年的科举史,产生了 700 多个状元,中国的科举制度为所有人提供做官的可能。即使出身贫寒百姓家,只要书读得好,也有机会出将入相。诱惑之下,林林总总的作弊手段应运而生。今天,考试作弊发展成地下产业,只要钱到位,就有一条龙的服务。

考试前,大会小会反复强调考试纪律,在全校范围内举办"诚信"宣传海报展,特意将考试作弊处理后果印发给每一位同学,仍会有同学铤而走险,四、六级考试始终没有根治作弊现象。

同学，你在想啥？真当校纪校规为空白？真忽视监考老师的眼睛和智商？真以为屏蔽设备是摆设？真以为公平考试是口号？真以为诚信应考承诺书是形式？"老师，我错了，你骂我吧，我很后悔，以后再也不会了。"这是我今天听到最多的话，当我把哭成泪人的同学从考场领出来时，他们才意识到原来我强调的不是废话。

作弊行为会使个人诚信丧失，破坏公平竞争规则，严重影响校风学风。同学们都是经过一路厮杀，层层筛选才进入大学校门，与中学相比，大学空闲时间更多，于是有些人将宝贵的时间消磨在电脑游戏中，一旦考试来临，就慌了手脚，投机取巧。一位同学告诉我，她想用更多证书来证明自己所以才作弊。对于艺术类的学生，四六级并不影响学位授予，我想了半天才理顺这之间的逻辑关系，他们在人际交往和社会活动中，希望得到他人或社会的认可，需要得到组织的关心，这些都是大学生较高层次的心理需求，是值得肯定的。大学生的学习成绩在客观上和事实上已成为各种评优、评奖的一个主要标准，受虚荣心驱使，企求所有荣誉，才会出现以作弊证明自己的扭曲心态。

在将一个作弊学生带离考场时，她的手机一直在震动，答案源源不断地传送。考试刚结束，同学的电话一个接一个，错误的热心肠毁了同学，那些所谓侥幸者向她传授的各种经验，无疑像注射了一针兴奋剂，导致她在考试中去模仿。

告诫心存侥幸的小部分同学，别让瞬间的冲动毁掉大学生涯，考试作弊，伤不起。

2012 年 6 月 16 日

动动吧,别代了

网购的书到了,忙碌无暇去取,我让同学帮忙,只见他打个电话就搞定了,我很羡慕地说同学多了真好,他告诉我,2 元一次代取快递。

经常网购,但还真是第一次听到代取业务,看到我这么好奇,大家七嘴八舌地说了起来。2 元一次取快递,2 元一次打热水,20 元一次洗衣服,30 元一次刷鞋,还有代写作业、代上课、代点名、代见网友等,新兴产业在学校里很受欢迎,如果说订餐送餐我还能理解,代取快递我还能接受,那么代写作业、代打热水、代洗衣服,我就有点接受不了了。

我上大学,热水只在固定的几个时段供给,课前把水壶放在楼门口,为的就是早点打上水,每栋公寓前都是水壶长蛇阵,一到点儿,大家前呼后拥地挤在锅炉房,场面十分壮观。十年过后,硬件发生了巨大变化,每栋公寓楼都安装了电热水箱,同学们不用拥挤抢水,就算是六楼,打水也超不过 5 分钟,这么方便还要花钱雇人打,我能说什么呢?

无论几点,无论是几号楼,无论住在几层,只要一个电话,就专门有人上门帮去打水,有等待的功夫,就不能自己动动。每栋公寓都配备了若干洗衣机,保洁员定期为洗衣机消毒,极大地方便了同学,就这样还有同学花钱雇人洗衣服,这点自理能力都没有,又能干什么呢?

2010年11月5日,我写了《自己的事情自己做》,针对在评优助困、学习生活、生病请假、同学关系等方面一遇见小困难就把家人叫来解决的现象。两年之后,这些问题似乎不是问题了,个别同学连最起码的生活都花钱请人代了。

一元两元不多,解决不了什么大问题,但谁又去算过积攒下来的这笔账呢?也许妈妈在菜市场为了一毛两毛讨价还价,也许爸爸为了买盒十元还是八元的烟而纠结,也许父母还在担心我们每月的生活费够不够花。军训时,我为新生算了一笔账:"每旷一节课,你会损失多少钱?"今天才知道还有一小部分同学有这笔支出。从两元钱里我看到的是一种怪现象,"退化"与"返祖"。

在西部,三元钱就能满足一个孩子的营养午餐。

2012年12月3日

我眼中的四六级

距离我上一次监考四六级过去三年了,我最不愿意做的事情就是监考,也许我从学生时代起就一直不喜欢考试。翻看这几年写的博文,关于英语四六级的话题是写得最多的,今天我再一次迈进四六级考场,陪着同学们完成了一次"煎熬"。

对于很多艺体类同学来讲,四六级如同鸡肋,食之无味,弃之可惜,英语基础薄弱是不争的事实,只要完成大学英语三级就可以顺利地拿到学位证书,但很多同学都想给自己的学生生涯添彩,为就业增加一点筹码,采取了非正常手段。当然,四六级考试作弊的现象绝不只是发生在艺体类学生中,侥幸心理每个人都有。

四六级考试可谓是我国参与人数最多的考试,规模超过高考,争议上过两会,分量如同学位,关于四六级的讨论没有停止过。我上大学时,全系仅有一个同学过了四级,刚刚过,不过也充分说明她绝对是凭实力考过的,那时候手机是奢侈品,12 年前,苹果是用来吃的,三星是生产电视机的,耳机是配发 007 的,正因为电子产品还没有普及,所以四级试卷很简单。我说的简单是指形式上的简单,而非内容,因为内容我基本上也没看懂。先听力,后卷面,中间不收,时间完全由个人支配,题型全是选择,一篇 120 字的作文,题目紧紧围绕大学生活,不是什么能源危机、环境污染等令人深思的话题,当面对此类作文题目,别说英文了,估计很多同学就是用中文都说不清楚。

当时满分 100,60 分及格,艺体类 40 分算合格,就算你不看题目全部涂上 A 或者 B,基本上也能得 30 分左右,我的同学用一次次考试的机会做着一个个今天看来非常可笑的实验。比如同学甲把之前做过的一套模拟题答案全部涂在试卷上,竟然得了 39 分;同学乙在 ABCD 四个选项中只选择最长的一组,也得了 20 几分;同学丙将点兵点将的办法与抓阄充分结合,他得了……确实记不清了。

随后四六级考试经历了数次改革,如果不是专门的培训机构,很难理清变化,直到今天走进考场,又发现许多不同。所有试卷袋加了一层印有"CET"标识的塑料薄膜,只要在考试前有破损就意味着泄题,会启动预案;其次,试卷分了若干套,但难易程度一样,分发试卷也是随机的,你不知道自己考的是哪套题;第三,所有考场都布置成为标准化考场,有全方位的摄像头,直接联通考试院,同影同声传送,教室里悬挂了精确到秒的钟表,完全不用自己带智能手表提醒时间;第四,此前每一个监考人员都经历了两次培训,9 点考试,监考人员 7:30 就要集合并且上缴手机,考试结束前不能分开;最后一点很重要,无论手机开关与否,考试前必须放在指定位置,只要考试中发现携带,一律按违纪处理,这么多措施,谁还去碰高压线?

每一次改革都是在和不断更新的作弊手段做斗争,不管是利是弊,不管多少人呼吁取消四六级考试,也不管它的争议存在多少年,可直到今天,四六级依然存在,而且越来越丰富。公平竞争与旁门左道仍然在斗法,大智慧与小伎俩仍然在较量,以我的智慧和经验,实在想不出,还能怎样作弊,一切手段终将成为浮云。

我庆幸自己是 80 后,考试压力并不太大,同时我又羡慕 90 后,10 个人有 9 个用智能手机,享受科技文明的同时,别忘了扔掉负产品,公正、公平,诚信应考才是正道。

2012 年 12 月 23 日

开学第一天众生相

开学第一天,同学们的精神状态分为以下几种。

一是假期在家百无聊赖,作息时间完全紊乱的,这部分人称为"网虫"。他们晚上不睡,白天不起,终日宅在家以电脑为伴,每天要承受父母的责备,他们非常怀念在宿舍里玩游戏没人管的日子,殊不知从这学期起,学校晚上要限电,通宵游戏的日子要结束了。显然这部分同学还没完全从假期的生物钟调整过来,早上七点起床实在痛苦,上课哈欠连天,强打着精神熬过早晨。

二是假期忙于访亲探友,吃吃喝喝的,这部分人简称为"吃货"。他们每天沉浸在各种饭局中,胡吃海喝,油光满面,体型发胖。还没应酬完,怎么就开学了?上课明显精神不集中,脑海里还是推杯换盏、侃天说地的场景,从迷茫的眼神看到上课的无奈,从上扬的嘴角看到吃货的快乐。

三是假期里备受思念煎熬的同学,简称为"情痴"。热恋中的男女是最害怕放假的,几十天的等待既虐心又是考验,每天晚上强忍着疲惫与困倦发短信,在缠绵中谁都不想说晚安,直到手机拍在脸上。开学首日,这部分同学还没有充分享受短暂相见带来的幸福,手机短信进行中。

四是同学之间感情深的。在家的几十天实在无聊,迫不及待回到宿舍与同学团聚,据民间调查,这两天学校周边大小餐馆一律爆满,酒水也比平时卖得多,有部分同学还没有从假日的开怀畅饮中转变角色,晚上忙于参加应酬。知道的这是开学第一天,不知道的还以为是放假前一天。

五是感情迷茫的。我发现一个规律,放假前集中表白,开学后集中分手,分手原因很多,有一种让人无奈。同学们的恋爱不单纯是自己的事情了,有的家长很着急,真是"每逢佳节倍相亲",回家后有各种各样的见面,精心安排,偶遇邂逅,有的同学聚会重燃热情,意志不坚定的变心也就不奇怪了。

六是主流,大部分同学假期过得充实有趣,上课听得仔细认真。

假期已过,安心读书,春天到了,暑假还会远吗?

2013 年 3 月 4 日

熄灯第一天众生相

实行晚熄灯的第一天,同学们的状态分为以下几种。

一是坚决反对的。因为这部分同学习惯了美国时间,晚上才能找到学习的灵感,当然学习仅是夜生活的一小部分,主要是游戏。网络游戏很容易上瘾,我也曾通宵达旦地夜战,为了升级彻夜挂机,白天黑夜颠倒,所以资深玩家对限电持坚决反对的态度。

二是跟风凑热闹的。其实有很多同学晚上11点多也就睡觉了,只是学校没有统一的限电要求。昨天晚上,这部分人怀揣紧张好奇,兴奋又有点坏的心态等待宿舍区拉闸,看看邻居们的反映。11点10分,当宿舍分片关灯的时候,"小宇宙"爆发了,站在阳台上吼两声,楼道里跑几圈能理解,吃那么多营养品总要消化消化吧。

三是吐槽抱怨的。我以为限电就是拉闸,直到昨晚我才知道这还是个技术活。断电前要关闭所有电源,包括照明,电脑显示器及一切连电设备。断完电后,手机才能插上再充电,假如没有关闭其他设备,系统还会默认在使用大功率电器而跳闸。不怪同学们发帖拍砖,怪我们没有详细地告诉大家,对于吐槽,虚心接受。当然了,既然说是设备调试,也要给技术公司一点时间,也请高抬贵手,嘴下留情。

四是无所谓的。这部分同学为世外高人,娱乐设备太多了,不像我上大学时,小灵通都是奢侈品,手机里只有贪吃蛇和俄罗斯方块,熄灯后大家就是侃大山。如今智能手机、平板电脑弥补了熄灯后的空白,两耳不闻窗外事,一心只玩"爱疯舞",倒也为首日熄灯后的稳定做了贡献。

五是主流,拍手称快的。宿舍六个人,有1人是夜猫子,宿舍的矛盾就会凸显,如果有两个,会升级为冷战,如果一半对一半,辅导员则会成为双方的调解员,如果仅有一个正常作息的同学,后果不堪设想。

首日限电,值班到很晚,到家收拾完快两点了,一条条回复同学们的吐槽,翻看两年前我写的博文《熄灯之后》,还是有些感触,熄灯百利无害,相信我,因为我是过来人。

2013 年 3 月 5 日

请你讲文明

看见题目,就知道这篇博文不会清风细雨,丽句清辞。不是我想吐槽,而是实在看不下去有些同学的做法,我要再不说,任其发展,你就真的不像个大学生了。

我实在数不清雅艺楼做了多少次大扫除。从暑假到现在,老师、保洁、工人、同学齐上阵,一间间地整理,清理出的垃圾能堆成小山。没用完风干的画材,没喝完变质的饮料,没吃完发馊的食品等。讲台下面,课桌里面,暖气片后面,只要能塞进去的地方,垃圾无孔不入,我不明白,门口的垃圾桶看不见吗?在垃圾堆里上课,舒服吗?老师是传道授业解惑的,不是天天来打扫卫生、收拾垃圾的,你是大学生,请你讲文明。

暑假,学院对实验室进行整体改造,干净整洁的墙面、漂亮大方的墙纸为雅艺楼增色不少。从完工到现在才两个月时间,墙上已留下几个大脚印,好好的路不走,你是壁虎吗?请注意上方的监控,不雅行为已经被记录下来了。你是大学生,请你讲文明。

保洁阿姨总来学工办抱怨,让我们说说学生,上完厕所冲水。是闻不见那股恶臭吗?不知道卫生间对面是办公室和教室?蹲坑的时候在门板上乱写乱画,以为是在涂鸦吗？连厕所都不冲的人说将来要做大事，画风很搞笑啊。你是大学生，请你讲文明。

我从课桌上、椅子上总能看到校园"诗人"、校园"画家"的大作，乱写乱画的现象很严重。在纸上创作很难吗？你写的、画的就那么引起共鸣？污言秽语是大学生所为吗？请不要以破坏公共财物达到宣泄的目的，请不要在墙上、桌上创作，请不要在教室的椅子上调颜色。你不是李白，可在岳阳楼上题诗，你不是吴道子，以墙为纸展吴带当风，就算有过人的才华，也要选择适当的地方，岳阳楼就是古代文人墨客们题诗的场所，吴道子的壁画也都是在殿堂庙宇。你是大学生，请你讲文明。

昨天和学生聊天，他说有个老师很神，班里一半人都不让上课，在教室外面站着，我问其原因才知道，原来他们迟到了，学生委屈地告诉我，才迟到两分钟而已。这是理由吗？上课踩点进教室，开会踩点进会场，活动踩点进场地，什么都踩点，怎么回家不踩点进机场，吃饭不踩点进食堂呢？约会知道早到，为什么上课就不能早到？迟到了不从自身找原因，反而吐槽老师严格要求，这样做对吗？你是大学生，请你讲文明。

夏天很热，但这也成不了穿拖鞋和背心进教室的理由，大家想想，有哪个老师是衣冠不整来上课的？有哪个老师是提着早餐进教室的？课堂是严肃的地方，自己在工作室画画穿成什么样都没人管，但走进教室要尊重他人，你是大学生，请你讲文明。

很多男生出门时收拾得帅气逼人，可宿舍脏乱得像抄家现场，床单压根分不清正反面。有人说这是个人问题，最多算不讲卫生，和文明有什么联系。宿舍是集体的，因个人问题导致全宿舍一起得差评，一起不能参加评优，这种损人又不利己的行为是最大的不道德，你是大学生，请你讲文明。

暑假很多同学出门旅游，朋友圈成了摄影展，欣赏美景的同时也发现种种不文明行为。趴在雕塑上的那位，你看不见旁边"请勿攀爬"的标语吗？街拍的那位没看到人行道上是红灯吗？抓广场鸽摆POSE的那位，你千万别说自己是大学生。还有你，再往前一步就是万丈深渊，拍张照至于这么玩命吗？在博物馆拍照的你看不到"请勿拍摄"的提示吗？旅游市场火了，老百姓受益，但随之而来的不文明行为也让原本美好的初衷频现窘态，杭州西湖成了"洗脚池"，颐和园的墙根成了公共厕所，在庙宇、教堂等宗教场所大声喧哗,上千年的古城墙、亭台楼阁成了涂鸦墙,树木被刻画得伤痕累累,遍体鳞伤,只要手能够到的地方,都被刻上"到此一游",这其中有大学生吗?肯定有,你是大学生,请你讲文明。

　　不以善小而不为,不以恶小而为之,如果你觉得这些小事都无所谓,继续放纵,那更大的问题就在前面等着你。讲文明,树新风,从一点一滴做起。

2014 年 10 月 17 日

请你讲诚信

我很少写这样的文章，因为我更喜欢轻柔舒缓的文字，希望能润物无声般开展工作，但发现有时光靠说教，寻找共鸣有点难。我写此类博文算不上犀利，因为考虑到一部分人的感受，昨天发表了《请你讲文明》，都是最近发现的问题，而写这篇文章的冲动要从早上接到的一个电话说起。

被一阵急促的电话铃吵醒，某男生要请假，不参加入党积极分子的培训，瞬间我有点来火。你不觉得这事做得过了吗？一共四次培训，旷两次，合适吗？全校几百名入党积极分子，就你忙？谁都有急事，你偏偏每次上课就有事，逗我呢？说好了请假提前一天报批，你倒好，先斩后奏，能有个轻重缓急吗？入党需要多次推优，优中选强，这样极其不重视，对得起投票的同学吗？连最起码的学习都保证不了，还要以身作则，发挥积极作用，省省吧。请假理由张嘴就来，前后矛盾，漏洞百出，你是大学生，请你讲诚信。

这几天评奖学金，这是同学们最关注的事情，奖学金对认真学习的同学是肯定，对落后的同学是激励。奖学金种类多，数额大，尤其是国家大奖，8000 元吸引着很多同学的眼球。越是大家关注的事情，我们越认真，班主任会上布置，班长会上提醒，班会上评选，做到周知每一个人，信息全公开，但每次评完后，朋友圈里仍有冷言冷语，指桑骂槐。我很纳闷，是不知道班主任电话吗，为什么不直接反映？为什么班会不来，评选不参与，评完了发牢骚？还有那些抱有侥幸心理的人，以为随便弄个证书、证明，就能加分，以为随便在社团挂个名就能评优吗？计算机挂科算不算，辅修挂科算不算，《学生手册》里写的明明白白。不要因为荣誉做缺失诚信的事，你是大学生，请你讲诚信。

何为奖助，既是奖励也是帮助，国家励志奖助学金是鼓励成绩优异但家庭经济困难的同学，国家助学金是帮助家庭条件不好但认真学习的同学。连实习算上，我在辅导员岗位上工作8年，什么样的证明我都见过，什么样的故事我都听过，我用一次次积累下的经验练就了今天的火眼金睛，我每天读书看报，从实例中学习了很多辨别真假的方法。个别同学五六门课不及格，你一共有几门课？向专业教师征求意见，一听见名字，老师直摇头，这就尴尬了。有的不符合评选条件，理直气壮地来办公室质询，请把你最新款手机调成静音再来和我说话，你是大学生，请你讲诚信。

在诚信的问题上没有任何讨价还价的余地，千万别挑战我的底线。

2014 年 10 月 18 日

谁动了我的手机

一连几天，篮球场上发生了手机、手表、钱包被盗的事情，用损失惨重形容一点不为过。一场比赛丢了三个手机和一块手表，与其痛骂小偷可恨，不如深刻反省。开放的校园让小偷混入其中，再加上同学们防范意识差，给了他们可乘之机，保卫处在校园里张贴了很多海报，有不少温馨提示，但真正去看的学生寥寥无几，辅导员们也通过各种形式开展安全教育，但被盗现象仍屡屡发生。

2013 年 3 月 31 日，我发了一篇博文，告诉大家在校园内如何防盗，经过几轮推送，阅读量都没有上去，更没引起同学们关注。人人都有"事不关己，高高挂起"的侥幸心理，我也不例外，在经历了一次次教训后才意识到"不怕一万，就怕万一"的概率是会发生在自己身上的。为什么只有在财产损失与后悔懊恼后才会总结，为什么我们不能保持警惕，答案就一个，潜意识总把坏事情不自觉地与自己隔离，在我们眼中，丢的都是别人的钱包。

夏天到了，同学们走下网络，走出宿舍，走进操场，参加户外活动，增强体质。球场是最热闹的地方,也是因为夏天,大家都是轻装上阵,随身带点钱就出来了,到了操场,把所有物品往篮球架下一放,认为只要没出视线就是安全的,另外有这么多双眼睛,还能看不住?三五一群开始打球,刚开始还会时不时注意边上物品,但随着比赛愈发激烈,围观人数增多,注意力也就不集中了,小偷简单得像是在拿自己的东西,两三秒钟,顺手牵羊而已。

小偷的脸上没有字,表面上看不出和普通人的区别,有些还很斯文,穿着帅气,他们混在人群中,穿梭于球场间,伺机下手。小偷不畏惧人多,因为结伴打球的人越多,互相之间陌生的概率就越大,你以为这是我同学,我以为是你朋友,谁都不会刻意询问对方身份,另外,打球的人越多,比赛越激烈,越容易下手。他们坐在场边,目不转睛地观察场上形势,球在三分线外准备,投篮一瞬间下手,篮球场上24秒完成一次进攻,而他们只用几秒就能完成一次盗窃。

一起打球的老师留言"多次告诉大家不要带手机去球场,就是没人听",看似严厉的批评包含了老师恨铁不成钢的态度。运动本是好事,高高兴兴去,结果一下丢了这么多东西,沮丧而归。恨不得抓住小偷一顿暴打,但这仅仅是一种想法,以暴制暴并不能解决实际问题,一个成熟的人要控制住情绪,不要因过度处理惹上麻烦。

谁都不愿意丢东西,如果丢了也不要太难过,小偷落网是早晚的事,我们则要总结,如果不以为然,再丢也是早晚的事。

谁动了我的手机?警惕校园里的黑手。

2015 年 5 月 23 日

CHAPTER 4
第四章
军训日记

起点之美

在我的工作中,每年都有一个固定项目,奔波劳累但乐此不疲,也许是我对迷彩绿的迷恋,也许是对军人的崇拜,也许是对军旅生活的向往,但更多的是对同学们塑造坚强意志、磨练品格的期望,这就是新生军训。

这是我第 9 次带军训,是学校辅导员队伍里时间最长的,我也没想到会这么久。95后的学生入校,面对洋溢着青春笑脸的面庞,80 后的辅导员能帮助他们做些什么呢?白天带军训,晚上写日记,留下回忆就是为新生做的第一件事。

大学是人生新的起点,是知识的殿堂,是成长的沃土,是精神的家园,是青春的舞台,在这里,我们开始了真正意义上的独立自主与学习生活,身边少了父母的絮叨,老师的监督,自立、自觉成了关键词。

假如你还沉浸在假期的疯狂中没有找到上学状态,假如你还没有从高三的紧张中缓过神,假如你还不知道大学生是什么样的精神面貌,军训就成为大家"蜕变"的第一课。军训会让你迅速适应紧张有序的学习生活,会让你脱下娇嫩的外衣,会让你理解什么是担当与责任,军训就是一棵棵"小树苗"成长的催化剂。

走进军训场地,348 名同学在教官的指导下进行训练,整齐的口令,标准的动作,这是对意志力的磨练,万里长征第一步,今天只是军训的起点,肆虐的骄阳,咸涩的汗水将是未来几天的主旋律。

军训是辛苦的,站军姿、练刺杀、踢正步、走方阵。军训是快乐的,唱红歌、做板报。军训是严格的,准点集合、集体吃饭、按时休息,每个步骤都有统一指令。军训是难忘的,在我们的人生路程中,这也许是最后一次参加军训。

军训,校园里一道亮丽的风景线,夏天里一抹浓重的绿色。

军训,是大学的起点之美,也是人生的起点之美。

2014 年 9 月 10 日

军训节奏

天气不错，没有炙热的阳光，温度也只有 28 度，比起去年 2013 级军训，这样的气温很舒服。闲暇翻看微信与空间，各种晒照片、发状态，精气神都不错，自从有了美颜相机，就再也不怕被晒黑了。

军训说长也长。对于刚开始训练的同学来讲，是漫长的，半个月的时间，早上六点集合，晚上八点结束，期间要进行大量体力运动，休息时间又有限，还没有完全进入大学状态的小朋友叫苦连天。个别人体质适应不了高强度与快节奏，才第二天，就出现了一个崴脚，两个感冒，三个头晕，四个请假，这种情况是我带军训第一次遇到，我开始为同学们接下来的训练担心了。

军训说短也短。对于立志报国的热血青年来讲，军训是短暂的。根据经验，军训刚开始几天非常难熬，五六天后，大家就会适应，训练科目在一项一项完成，与教官也越来越熟悉，过程中还会安排丰富多彩的文艺活动，等进入合练阶段，休息时间也会增多，各种评比会增强我们的集体荣誉感，等会操结束脱下训练服时，你会发现对这段军旅生活的不舍。每年我都会送走两三名同学携笔从戎，光荣入伍，他们出征前讲得最多的一句话就是："从军训时就有了参军的愿望，终于实现了。"

军训说苦也苦。对于不愿坚持的人来讲，军训是苦的。部队里有一句口号"流血流汗不流泪，掉皮掉肉不掉队"。从中不难看出一名合格军人的基本准则。大学生的训练科目，无论是强度与难度，与军人实际训练来说相差很远，爬铁网，翻高墙，抱枕木，滚稀泥，负重长跑，野外拉练等，只能从影视剧里看到。我们佩服军人钢铁般的意志，戍边报国的决心，作为一名大学生，也要用自己的特长与知识为实现"中国梦"作贡献，如果连一点苦、一点累都受不了，梦想怎能实现？

军训说乐也乐。我最大的快乐就是上网看大家发布的消息，一张张相片，一条条状态让我忍俊不禁，幽默诙谐的段子里集中了同学们的智慧。大家在网上"求雨"，高年级同学却说："我愿意贡献出 QQ 的两个太阳，高高地挂在军训场上。"戏谑调侃给军训带来无限欢乐。

军训第二天，我们在一起。

2014 年 9 月 11 日

那些花儿

一夜小雨带来凉爽天气,早晨 7 点还在下,但 8 点停了,一点没耽误训练,失望的同学们在朋友圈各种吐槽。要知道在师大校园里,有 5000 学子祈求下雨的同时还有 2 万师兄师姐在祈祷天晴。

天气转凉,病号增多,有真有假,"小公举"们身体不适需要休息能理解,但七尺男儿找各种理由申请见习有点儿说不过去了。

在师范大学,男生算得上稀有,男女生比例 1∶8,上课、下课时,放眼望去,男生像葱花一样星星点点洒在大菜上,如果你阳光健康、成绩优异,又是运动达人,再有那么点文艺范儿,在学校绝对很抢手。相反,如果你白天睡觉,晚上游戏,内务脏乱,军训能偷懒就偷懒,学习能凑活就凑活,在极其挑剔的师大女生眼里只能当"炮灰"了。

美术与设计学院的男生是威武的。这么多年军训,男子队列示范班、护旗方阵、持枪方阵、战术演示方阵都来自美设。美设男生多才多艺,除了在画布上创造美,舞台上也有出色的表现,连续八年的全校"红舞鞋"舞蹈大赛中,以男生出演的舞蹈均在三甲之列,校运会上的五连冠是一个奇迹,田径场上,男生们跑出了美设速度, 2014 级的男生在军训场上延续着学院的优良传统,训练时一丝不苟,搞笑时诙谐幽默,尤其是起哄的劲头和师兄如出一辙。

男人优秀的品质包括思想、气度、城府、包容、善良、责任感、进取心等,但我认为最重要的是勇敢。母系氏族社会,妇女采摘,男人狩猎,相比之下,采摘更安全,能保障生命的延续,而狩猎这样充满危险的工作由男性完成,这需要力量、胆量与智慧,男性的荷尔蒙决定了男人应该勇敢,也必须勇敢。

只是十几天军训,就算天天练,也不过半个月时间,就算天天头晕难受,也不过半个月时间,就算天天晚睡早起,也不过半个月时间,勇敢面对,发扬“轻伤不下火线”的精神,战胜自己的懒惰,勇敢面对人生。

女生居多的美设学院不乏各种类型,御女型、萝莉型、学霸型等,但穿上军装后,就统一为“女汉子型”。美设女生很有范儿,学习艺术为气质加分不少,对颜色的敏感及对服饰的搭配也是美术生的强项,服装设计和配饰专业的女生发挥优势,为自己量身定做,服装表演专业的女生,仅身高就搏杀他人眼球,每年在迎新晚会上的服装秀都会引起全场潮水般的呐喊。

画画的女生静美。在创作画稿过程中,需要安静构思,把元素巧妙安排在一起。她们把静美带到了军训场,站军姿时纹丝不动,走队列时整齐有序,休息时不吵不闹,没有矫揉造作,如秋叶一般静美,每一个人都是一幅画,一幅清新脱俗的画。

画画的女生开朗。艺术需要激情,闭门造车会失去灵感,在多元文化背景下,美术被注入了新的时代内涵,她们对一切新鲜事物都有浓厚的兴趣,对知识有强烈的渴求。女生把开朗带进了军训场,拉歌时的激情,表演节目时的踊跃,没有怯场,没有害羞,敢于在众人前展示才能,军训为大家搭建舞台。

画画的女生认真。做设计不能马虎,否则设计图无法变为现实产品,工笔画不能有粗心,三矾九染,不急不躁。女生把认真带进了军训场,一遍遍完成单调的训练项目,一招一式,有板有眼,一次不行再来一次,细节决定成败,态度决定高度。

画画的女生个性。都说学艺术的人个性鲜明,我想说个性只是体现在创作出的艺术品中,瘦弱的何香凝把艺术创作与革命活动紧密联系,她的作品中充满斗争激情、浩然正气,这就是个性。潘玉良从误入红尘到考入意大利罗马皇家画院之第一人,成为著名的女艺术家,这也是画家的个性。女生把个性也带到了军训场,她们有不服输、不怕累的个性,巾帼不让须眉,举手投足之间尽显英姿。

军训场地的那些花儿,在艳阳中美丽绽放。

2014 年 9 月 12 日

花间小憩

　　休息,休息一下是大家目前的愿望。从网上的动态就得知其中的辛苦,10 点以后,朋友圈基本无你们的声音,连日的疲惫让大家早早入睡,养成良好的作息规律是军训带来的最大帮助。没有不分白天黑夜玩游戏的劲头,没有晚上不睡白天不起浑浑噩噩的状态,如果从这个角度说,军训是不错的。

　　同学们利用一切时间休息恢复体力,我也在工作空闲更新博文,白岩松有本书叫《痛并快乐着》,看过其中几个章节之后,有很多想法。尽管在读之前,能想到是会谈自己对于社会问题的感慨与忧思,而且会像他的主持风格一样坦诚,也想到了他本人涉猎广泛,话题会很宽泛,但始料未及的是他会以透彻的力度,对自身及社会予以大胆的剖析,蕴涵在字里行间的真诚和勇气让读者感动。透过随笔,白岩松更像是在与自己的心灵之间进行一场对话。

　　"痛并快乐着"非常适合描述军训的同学。不管多苦多累,多烦多郁闷,队伍里不缺少欢声笑语,休息间隙拿手机自拍,会制造无伤大雅的恶作剧,拉歌时总会有起哄,军训是辛苦的,伤病是疼痛的,但过程是快乐的。

《做人与处事》一书阐述了苦与乐的辩证关系,生动地诠释了何为"痛并快乐着"。痛苦,能让人发出光亮,快乐,能让人发出笑声。所以,痛苦和快乐,是一对孪生兄弟。痛快,就像一副担子,一头担着痛苦,一头担着快乐,痛苦在前,快乐在后,一头重一头轻,难以上路,相对平衡才能继续前行。

苦乐,先苦后乐。吃得苦中苦,方为人上人,尝不到辛苦的滋味,怎能知道苦尽甘来的甜蜜,没有经过痛苦与磨难,何来成就与辉煌,痛苦与快乐,是人的两大精神支柱。苦是乐的种子,乐是苦的果实;苦是乐的前奏,乐是苦的结束曲;苦是乐的学校,乐是苦的毕业证;苦是乐的成功铸造者,乐是苦去甘来的受益者,成功在苦中创立,在乐中享受。成功伴随困苦而来,多吃一分苦,就多一分欢乐;多吃一分苦,就多一分享受;多吃一分苦,就多一分幸福。

苦与乐是辩证统一的,是一个整体的两个方面。是快乐还是痛苦,是希望还是失落,是感动还是冷漠,都由人来选择。一味的乐未免太肤浅,一味的苦未免太深沉,苦乐相生才是生活的原始滋味。不知道何谓痛苦,难以体会到真正的快乐。感受不到痛苦,因为做得还不够深切,快乐一旦失去痛苦的那一面,就会变得简单与肤浅。

回味一下,几乎所有的痛苦都是从梦想开始的,当我们经历了艰苦卓绝的奋斗而取得成功之后,回头看看,会发现几乎所有的痛苦都是快乐之母。同学们,军训有可能是我们一生中最后一次接受正规的军事化训练,虽然紫外线让我们变黑,虽然严格的训练让我们劳累,但若干年后回想起今天,嘴角一定是上扬的。

十八岁是花一般的年龄,每天在军中绿花中工作,感觉自己也有很大动力,一杯清茶,花间小憩。

2014 年 9 月 13 日

新鲜血液

最近写的军训日记不仅成新生每天的必修课,也得到很多家长的关注,每一条留言、每一个鼓励都在肯定这是一次有意义的写作。

学生会筹备纳新,我有些话要给大家说说。对于学生会,我是有感情的,2000 年上大学起,我就积极参与,从一名干事成长为学生会主席,上研究生又担任研究生会主席,回看求学之路,要感激这些经历对我的锻炼。当一名学生干部最重要的是心态,如果你不把自己当干部,就可以不用那么严格要求自己,可以随意编个谎旷课,可以假借参加活动的名义在外晃悠;如果你太把自己当干部,就会狐假虎威,使唤这个指挥那个,把个人凌驾于同学之上,久而久之会发现自己被遗弃。

什么是学生会?很多同学都在问,该怎么解释呢,在网络飞速发展的今天,有心人早已通过百度查到了。简单地说,学生会就是一帮精力旺盛的年轻人自愿在一起干活、学习、共同发展的群体。首先你要有精力,自己的事情都忙不过来,时间还没有分配好,学习任务繁重或者睡不够的同学就别参加了,不是你不够优秀,是组织的要求有点多。

学生干部确实很忙，如果赶上大活动，一连几天，甚至几周加班加点是正常的，比如全国大学生艺术节，多少演职人员、工作人员年都没过完就回学校工作；比如大运会，东亚运动会，达沃斯论坛，多少志愿者连续奋战数月；再比如各种晚会，忙前忙后的不是别人，还是学生会干部。

其次是自愿，我一直说强扭的瓜不甜，学生工作是你情我愿的事，如果你拽着我，我逼着你就没意思了。社团早已过了"靠人数拼人气"的时代，不要只听振奋人心的社团宣传，不要光看热火朝天的纳新场面，而是要自问"准备好了吗？"想好了再去交报名表，这样就避免了大一积极参加，大二无所事事，大三自然消失，大四回过头说社团种种不好的窘境，大可不必这样，对于学生会，可以不爱，但请不要伤害。

再说说学生干部的学习。学生干部因为工作影响学习的事是有的，不过我认为这是个例，在我带学生会的几年中，从没有让大家旷课来开会、搞活动，更不会让学生干部以活动名义请假。我们把所有活动都安排在课余时间，于是，你会经常见到他们一下课连饭都顾不上吃，从教室向办公室飞奔。学生干部只有成绩好底气才足，同学服的不仅是指点江山的主席，更佩服学富五车的有识之士，如果连学习、工作两件事都安排不好，互相耽误，这能力也干不好学生会。虽然成不了是食堂、宿舍、教室三点一线的学霸，但也绝不能是只顾组织参加活动而门门课亮红灯的学渣，不要只成为社团的得力干将，还要成为专业学习的尖子，没有均衡发展，组织也只能忍痛割爱了。

学生会有好处吗？有，对于这一点，没必要藏着掖着，评奖学金时有加分，评荣誉时有照顾，推优入党会优先考虑，推免研究生，学生干部经历是一项参考指标等等。"为什么他们优先？"那我告诉大家，学生干部的付出不是表面做工作，坚持也绝不是说说的，大家只看到了搞活动时的风光，其实还有搬东西、做卫生的辛苦，不只有取得成绩时的掌声，更多是独自一人的寂寞，很多时候，全班没有一个人来教室干活，只有班长拿着笤帚扫地；评奖学金时，学委一人打印成绩，算排名，然后给每个同学发信息；团日活动，支部书记从头忙到尾，他们服务了四年，在条件范围内，怎么就不能有点照顾呢？当把所有的付出全部按考核标准来看，这才是最大的公平。

　　学生干部搞什么等级划分,有必要吗? 这是我听到过最 LOW 的质疑,任何一个组织要想有长足的发展,就一定要有完整的体系与严明的奖惩,学习好,有思路的人一定会往上走。一年级的干事帮着搬搬桌椅不是欺负人,二年级的副部长们跑跑腿,送送文件也不是大材小用,三年级的部长,主席们安排活动也不是只说不动,只有经历一次次的锻炼才能熟悉掌握流程,总不能让主席去送道具,而让一个刚加入学生会、连学校楼宇都还没认全的新干事去协调吧,所以对于这种"低级黑",我真是懒得理。

　　感谢同学们的支持与投入,要不是你们,我也没有足够的时间更新平台,更要感谢积极报名的新同学,没有你们,组织也不会与时俱进。学生会到底是啥样,进来后你就知道了。

2014 年 9 月 14 日

爸爸妈妈

　　刚刚从新生入学教育的现场回到办公室就更新博文,这应该是我写日记以来发布最早的一篇,因为我被史老师的讲座打动了。

　　讲座前,一段关于上海交通大学2014级新生的视频戳中了在场新生的心,刚刚离家只有几天的同学触景思情,潸然泪下,这是大家发自内心的感动与思念。很多新生家长关注了我的公众号,每天都来光顾,通过文字与照片了解孩子在学校的状况,今天,我就替大家说:"爸爸妈妈,我想你们啦。"

　　去年的这个时候,我写的第六篇军训日记叫《无论你多大》,从当时热映的一部电影《全民目击》说起,通过一系列意想不到的桥段描述了父爱与救赎的故事,我写过很多关于亲情的文章,因为生命是父母给的,成长是父母呵护的,无论走到哪里,家永远都是我魂牵梦绕的地方,爸爸妈妈永远是我最牵挂的人。

　　在父母眼中,我们永远是长不大的孩子,从呱呱坠地,他们把所有精力与注意力都放在孩子身上。我们的成长、生活、学习,我们的生日、喜怒哀乐,一言一行都是他们挂念的,慢慢地他们竟然忘记了自己。随着时间推移,我们长大了,爸爸妈妈却变成了孩子,天天打电话,重复千篇一律的问题,问问你在哪里,吃了吗,钱够花吗,最近如何,有时候们嫌父母唠叨,其实那不是絮叨,而是牵挂。

父母的爱是无私的,只有付出,不求回报,唯一的目的就是希望子女快乐幸福地成长。再想想我们,经历青春期的叛逆,这期间有诱惑,有彷徨,有迷失,甚至误入过歧途,我们不和父母交流,嫌他们唠叨、麻烦,干涉自己的私生活,曾经和父母争吵、冷战,拒绝父母的关爱,一次次挑战他们的情感底线,不知多少次让父母着急上火,操心劳神,但无论怎样,爸爸妈妈不离不弃,一如既往地支持我们实现梦想。

在家一心想往外飞,真正飞出来了,才知道家的重要,在父母身边时觉得他们事多,出来后才发现有人唠叨是最大的幸福。

百善孝为先,从主动打一个电话起,以实际行动回报父母的恩情。不要再等待,不要总觉得时间还长,放下手机,把真实的问候送给父母,放下游戏,珍惜时间多读书籍,让今天的感动停留在永恒的生命里。

2014 年 9 月 15 日

秋后算账

秋后算账,看见这个题目,估计会有很多人以为我要批评学生,其实不然。

我写这篇博文的灵感来自于新生入学教育的一场讲座,《大学生生涯规划》,主讲人提到一个概念叫"货币转换",老师粗算了一下上大学的成本,四年经济的付出,情感的付出,青春的付出,听到结果,同学唏嘘不已,原来上学的投入真不少。

朋友圈流行一条信息:"谁说学艺术的花钱如流水,简直是瀑布,海啸,我家人怀疑我吸毒。"虽然是个玩笑,但侧面反映了学习艺术的成本,相比文理科,艺术类的投入更可观,不仅是学杂费,还有各种辅助工具及耗材,今天我就帮同学们算算,看看我们一节课需要多少钱。

艺术类学费一年 15000 元,四年学费 60000 元,住宿费一年 1200 元,四年 4800 元。书本教材约 500 元,学美术要买画材和工具,价格不菲的颜料、纸张、油画布等等,这是不小的支出,保守估计至少要用掉 10000 元,如果选用进口颜料,再加上浪费,费用还会增加。服装设计的同学要买布料,毕业设计一整套作品从采买到制作最少也要 5000

元,花上万的不在少数。大学四年有两次外出写生采风,每次 15 天左右,最少用掉 6000 元,还要购买一些画册、书籍等,暂且估为 2000 元,这些省不掉的费用加起来为 83300 元。

手机、电脑是不可缺少的,通过军训几天观察,一大半以上用的是苹果或三星,每部手机 5000 元左右,很多同学还是两部,四年用一部手机的已经很少了,基本两年一换,新的刚上市,旧手机就坏的的同学不在少数。学设计的同学要求配置高的电脑,很多人早已笔记本、台式、平板三合一,这笔费用 10000 元左右。拥有单反相机的同学是贵族,这是个例,没有普遍性,忽略不计,但多数同学会买个微单拍摄素材,市场价 3000 元左右,不算杂七杂八的数码产品,光这一项开支,就要用去 18000 元,这不包括双手机的同学,不包括武装到牙齿的同学,不包括永远引领电子产品潮流的同学。

再说说生活费。生活用品、吃饭喝水、电话费、交通费,赶上朋友过生日、好友聚会、买买衣服等,这笔开支不能小觑。三餐根据物价和同学们实际花费取平均值一天 30 元,每月 900 元,电话费 100 元,交通费 100 元,交朋访友 300 元,周末逛街买衣服,看电影,改善伙食,每月 1500 元的生活费是普遍的。据我了解,很多同学早已超出这个数字,如果谈个异性朋友,两、三千元都不一定够,每月花 2000 元,48 个月花费 96000 元,算上假期旅游,零零碎碎的消费,实际已经突破 20 万。

还要一笔隐形的费用。如果我们没来上大学,去打工,每月按 2000 元工资来算,四年还能挣 96000 元,这是青春的付出。四年里,父母还要来看看,买点吃的、喝的寄过来,情感付出可是金钱衡量不了的。大学一学年实际授课 36 周,每周平均 25 节课,全年为 900 课时,4 年一共有 3600 课时,这里面还包括实习、采风、社会调研、毕业创作、毕业论文等,用花费除去这些课,每课时 82 元,一早上 4 课时 328 元。

旷课一节,等于看了两场电影,旷课十节,等于扔了一件不错的衣服,旷课二十节甚至更多,我就该找你好好谈谈了。同学们,总不能花几十万在学校租张床吧,看到这里不知道大家有什么感受?

2014 年 9 月 16 日

他的身影

我想问大家一个问题,军训谁最辛苦?

我相信很多人都选择自己。的确,同学们很辛苦,大半个月的训练考验的不仅是体力,更是意志力。但你们是否注意,比起我们的累,他们更辛苦,他们言传身教,对动作要求不打一分折扣;他们大声喊口令,嗓子已经嘶哑,仍在坚持;他们风吹日晒,黝黑的皮肤,刚毅的眼神,男人味十足;他们每天教完同学还有自己的训练任务,他们就是军训教官。

魏巍的文章《谁是最可爱的人》给了解放军最温暖的定义。无论是在保家卫国、捍卫主权的战场,还是抗险救灾,突发事件的一线,解放军冲锋在前。军训是军人另一项光荣的任务,他们要帮助大学生在很短的时间内完成简单的军事训练,养成良好的生活习惯,树立团结的集体主义观念。

教官也年轻,和大学生属于一个年代,他们在部队的大熔炉里练就了一身本领,从教官身上看到的是军人的气质,学到了担当与责任。看到他们的汗水,我们会动容;听到他们嘶哑的喊声，我们会心疼；看到教官因学员动作不标准而着急，我们也会懊恼；知道教官带病训练，我们也会感动。谁不知道累呢？他们在家也是父母心里的宝贝，同学们在短短的十几天军训中就叫苦连天，而他们早已习以为常。有人说当兵的苦，爬冰卧雪难享福，有人说当兵的傻，妻儿老小全不顾，可没有他们，谁来保卫国家，保卫人民？

什么叫军人？军人以服从命令为天职，在战争年代，保家卫国，在和平年代，抢险救灾，我军自成立以来，先后形成了井冈山精神、长征精神、延安精神、抗战精神、南泥湾精神、抗洪精神等等。在与敌人刺刀见红、生死搏斗中，在挑战生命极限、置生死不顾中，军人不畏艰险，勇往直前的身影给百姓传递一个重要的信息——安全感。

随着时代发展，科技强军迫在眉睫，信息战、电子战等现代化战役急切需要先进的设备与高素质人才，国防科工研制的一批批新式武器装备都需要军人来操作使用，所以创新战法，变革训练方式，提高单兵素质成为新时期部队的主旋律。社会上流传一个段子"六月高考不努力，九月部队做兄弟"，这种低级趣味的调侃毫无意义，军营是青年成长成才的大学校，是砥砺品质、增强意志的课堂，是施展才华、报效国家的舞台，军人是有责任、敢担当的新青年。

当兵入伍是一件了不起的选择，严格的纪律才能打造过硬的军队。在训练场，他们席地而坐，在野外拉练，整日与沙尘作伴，但在营房，永远都是干净整洁，床铺整齐划一，这种整洁除了纪律，也是军人的形象，内外兼修，表里如一。

这就是军人，他的身影印在我的脑海里。

2014 年 9 月 17 日

五味俱全

酸，因疲劳或疾病引起的微痛而无力的感觉为酸。

手脚酸痛、腰酸腿痛这两个词是我最近在朋友圈里见到最多的字眼。军训很辛苦，50分钟的站军姿，全身百斤重量全都集中在脚后跟上，仿佛光着脚顶千斤重，那种酸难以言表，麻木酸痛让同学们寸步难移。站军姿是不能随意乱动的，不管是白天的烈日还是晚上的蚊虫，都要克服，如果你的"偷懒"正好被教官撞个正着，十个后蹲跳或者俯卧撑会让全身更酸痛。

甜，人生百味杂陈，但有一种味道最美，那就是甜。

队列走齐了，口号喊响了，所有人都会对我们刮目相看，平日威严的教官也会说出几句赞扬的话，准许大家多休息一会，经过努力，赢得认同，这种感觉甜美入心。清水入口，沁人心脾，发现白水原来如此清甜。从军训日记里欣赏最美身影，从文字里放松心情，心灵满足也是军训中甜美的事情。

苦，苦的滋味虽难尝，但也唯有吃过苦头的人，才能更深切体会出做人的原汁原味，也才能改变过去的自己。人要能吃苦、肯吃苦与消化苦,生命才能升华灿烂。吃苦是人生第一难得的历练,我们必须勇于接受挑战和面对,在苦境中学习与成长。《孟子·告子下》写到:"故天将降大任于斯人也,必先苦其心志,劳其筋骨,饿其体肤,空乏其身,行拂乱其所为,所以动心忍性,曾益其所不能。"无论委屈还是眼泪,无论辛苦还是挫折,这都是成长必经的一道关。

辣,五味中最刺激的一个味道。

训练时教官"辛辣"的语言,火辣的太阳都在磨炼同学。我们理解教官语言的辣并不是针对任何一个人,是对训练整体进度着急的表现。慈不掌兵,没有日常严格训练怎会有钢铁长城般的人民军队,如果连一丝辛辣都不能接受,又怎么练成强大的抗压能力。辣也是一种痛,每个人对于辣的接受程度也有所不同,但就是辣才能让生活出彩,能战胜军训中的辣,未来生活才不会惧怕一切困难,

咸,不可或缺,百味之首。

每个同学都流下了训练的汗水,又有多少同学流过想家的泪水,汗与泪的咸足以让经历军训的每个人记住这段难忘的日子。军训帮助大家迅速转变身份,进入大学学习状态,培养了果断、勇敢、顽强、自律和坚韧不拔的意志品质,激励大家在奋发、成长成才的道路上努力前行。这种咸让我们明白什么是规矩,什么是敬业,经历过军训之后的你才会更成熟,在困难面前才会更坚强。

有的同学说:"我还是宝宝,承受不了这样的训练。"可你要知道这样一句话:自古英雄出少年。

未满十八岁的霍去病主动请缨,凭着一腔热血,率领士卒在茫茫大漠里奔驰数百里寻找敌人踪迹,斩敌二千余人,霍去病的八百骑兵全身而返,他以这样的大胜向世人宣告,一代名将横空出世。

三国周瑜,21岁起随孙策奔赴战场平定江东,赤壁之战大败曹军,奠定了三分天下的基础。

李世民文武兼备、智勇双全,他十七岁便冲锋陷阵、身先士卒,曾去雁门关营救隋炀

帝,十九岁开设文学馆,文采风流,因为他的努力奠定了大唐盛世的基础。

明末的夏完淳有神童之誉,"五岁知五经,七岁能诗文",十四岁的他揭竿报国,束发从军,随父抗清,兵败被俘后,不屈而死,年仅十六。

在抗日战争时期,儿童团团长海娃,小兵张嘎,小交通员潘冬子,放牛娃王二小,少年英雄雨来等等,他们都是宝宝,都在青春年少时做出了惊世骇俗的壮举。

军训就是一道集各种味道的"大餐",与其痛苦挣扎不如静静享受,愿大家调好这五味,做好军训这道菜。

2014 年 9 月 18 日

心灵鸡汤

最近很忙,紧张繁忙的时候给心灵放个假,熬一碗"鸡汤"送给自己,也分享给即将真正开始大学生活的同学们。

我一直认为身体疲惫睡一觉或者大吃一顿就能得到有效缓解,而心里的紧张、抑郁、不安、烦躁则需要很长时间来调整,平和心态说起来容易,做起来却很难。同学们疲惫到了极点,心理有了波动,因劳累而吐槽、旷训、甚至哭泣的现象时有发生,班主任、辅导员是最好的倾诉对象。

军训场上分为两部分,见习的同学提前结束了军训,所有参加会操任务的同学在抓紧训练,为集体荣誉而努力,我并不觉得付出体力的同学就吃了亏,代表学院参加分列式表演,这份荣耀是无法替代的。我很欣赏同学们的小幽默,总能从枯燥的训练中挖掘有意思的东西,发自拍,开玩笑,损室友,搞恶作剧,看见相关文字与图片,我也会开心。家长和同学浏览我的博客,每篇日记都会引来围观,大家的留言让我慰藉。

心态即精神状态,精神支撑,大家心态好,状态好,军训就会轻松很多,好的心态,表现出一种生命力,一种自信和健康的精神风貌。保持良好心态对于一个人的健康成长尤为重要,好心态能使我们从根本上减少受消极情绪的影响,若一个人心灵的自我修炼已经达到了淡泊宁静的境界,那么烦恼忧愁都无法扰乱生活。

在复杂多变的社会,如果能够自我调节,以稳定和乐观的态度去面对,自然会对一切负能量免疫。古语曰"冰冻三尺非一日之寒",心灵修炼亦如此。法国作家拉伯雷说过:"生活是一面镜子,你对它笑,它就对你笑,你对它哭,它就对你哭。"如果每天愁眉苦脸地生活,生活必定不快,如果开心生活,生活肯定阳光灿烂,既然无法改变现实,不妨给自己一个笑脸,一笑解千愁,笑会使我们生机勃发。

世上无难事只怕有心人。生活中只要用心体验,去感受,就会少一点抱怨,多一点享受,少一些烦恼,多一些快乐。生活既是朋友,也是对手,用心便能感受生活的乐趣,作为对手,生活会制造小困难,军训就像是生活为同学们成长设的一个坎,是积极还是消极,全在心态。

生活不全是诗,未来的日子不会每天都阳光灿烂、鸟语花香,总会有悲伤、迷茫,就看你是用"春风桃李花开日"的积极看世界,还是用"秋雨梧桐叶落时"的消极去看待,同样的事物,结果可以完全不同,既可以"人闲桂花落""鸟鸣山更幽",也可以"无可奈何花落去",在淡泊无华的心境中学习生活,于寂然中品味人生,于宁静中净化自己。

大学是一个集体,要想生活学习得开心,和身边的人和睦相处,就要懂得谦虚礼让。"己所不欲,勿施于人。"这是孔子提倡的一种准则,自己做不到便不能要求别人去做到。不要把自己不喜欢的事强加别人,而是设身处地为他人着想,多体会理解对方。自己向往美好生活,就该想到别人也在向往;不愿意别人冷淡自己,就要热情接纳对方;希望自己站得稳,走得远,就也要帮助同行的伙伴也走好每一步。

2014 年 9 月 19 日

心里的话

军训进入倒计时,半个月的连续剧即将迎来大结局,今天说说心里话。

心里的话,我们想家,我们想爸妈。我相信这句话是所有同学最想说的,很多人都是第一次离家,离开父母,在家的时候恨不得想早早地远走高飞,而刚刚和父母分别却不自觉地牵挂。

我想起同学们在入学教育看视频时流下的泪水,想起大家"十一"回家订票的急切,想起博文《爸爸妈妈》的每一条留言,每一个分享,想起很多同学在给我发的微信里表达想家、想爸妈的酸楚,这种情感最直接,最纯真,没有一点杂质。

我上研究生,也是第一次离开家,来到天津这座陌生的城市,也会经常想家,对于双鱼座的人来说,对亲人的情感永远排在第一位。家,不在于大小,在于温馨;心灵不在于距离,在于相通;情感不在于拥有,在于长久;问候不在于多少,在于真诚;父母不在于远近,在于思念;牵挂不在于深浅,在于真心。

无论曾为了什么远离家乡,无论此刻正身在何处,当我们打开心中那永远不会熄灭的温存记忆,家,将会一直用全世界最温暖的灯光为我们照亮心中的黑暗与恐惧,使我们走得更远,同时,也与家靠得更近,爸妈永远是我们最敬爱的人。

心里的话,军训,我们又爱又怕。军训是辛苦的,站军姿、练刺杀、走正步、排队列,每一个参与其中的人都体会到了军人的艰辛。军训也是快乐的,还记得齐唱《小苹果》的情景吗?还记得学生会纳新的火爆场面吗?还记得手机闪光灯照亮全场吗?军训是感动的,一起给同学过生日,400瓶饮料摆成的大桃心是学生干部送给你们的礼物。更让我们感动的是教官,重复口令让他们嗓音沙哑,对动作数不清的纠正让他们眉头紧皱,一遍遍动作示范让他们满头大汗。

心里的话,大学,我们来了。经历完军训的洗礼,真正的大学生活开始了。大学是梦开始的地方,为了使这个梦多姿多彩,我们就要用积极向上的心态去规划与度过大学生活。大学是学子心目中的象牙塔,我更觉得是一个熔炉,融入天南地北与社会万象。

当你拿到课表,庆幸有很多空闲时间,我想告诉你一个优秀的大学生不是看在课堂上多认真,而是看在业余时间做什么,课堂之外的生活是拉开差距的关键。当分到自己陌生的专业而闷闷不乐,我想告诉你,艺术是相通的,只有接触了解,你会发现原来文化的多元能带来更多惊喜。

心里的话很多,就让我们用四年的时间慢慢说。

2014 年 9 月 20 日

天津范儿

我们从祖国各地来到天津求学，这里是大家的第二故乡，今天这篇博文就带大家一起走进美丽的天津。

每个城市都有自己的名片，每个地方都有鲜明的特色，一方水土养育一方人，在时间流逝中形成独特的风格。明成祖朱棣赐名"天津"，即天子渡口之意，在近现代史中，天津成为中国开放的前沿和近代中国洋务运动的基地。相声、曲艺、美食、文化能让一个人从听觉、视觉、味觉全方位体会这座历史悠久与现代文明交融并存的城市，漫步在天津街头感受建卫 600 年的天津范儿。

天津位于华北平原海河五大支流汇流处，东临渤海，北依燕山，海河在城中蜿蜒而过，有"河海要冲"和"畿辅门户"之称的天津在几百年前只是一个小渔村。隋、唐、明、清，时光交替，百万人民在这片平原上生息繁衍，数万工匠在这里修建了文明之都，时代加快了这座城市的更新速度，在高楼大厦间寻找原汁原味的天津并非容易。

座落在闹市区的文庙已保存 500 余年，与一墙之隔人流攒动的商业广场相比，冷清许多。文庙是尊崇和纪念以孔子为代表的儒学先贤的庙宇,庄重雄伟,绿树成荫,不大的面积规划合理,琉璃黑瓦的万韧墙象征孔子道德学问的高深。天津的快速发展离不开教育,南开、天大百年学府走出无数人才,师大的老校长更是中国师范教育的先驱。尊师重教,这就是已流传百年的天津范儿。

我不是天津人,十年前到这里求学,一来就再也没有离开。市区没有高山大河,唯一能称之为山的就是堆山公园。春天父母带着孩子在这里踏青游玩,夏天老人们在这里乘凉消夏,秋天堆山公园颜色绚丽,冬天依山而建的滑雪场吸引万千游客,堆山公园留给市民的是全家和睦的幸福,和谐生活的快乐,中国传统的家庭观浓缩在堆山公园的一个个单元里。家庭和睦,这就是天津范儿。

海河之滨有特殊的凝聚力,百年间南来北往的行人将不同的饮食习惯汇聚于此,独特的地理位置给天津人的饭桌上增添了许多美味佳肴,"借钱吃海货,不算不会过",戏谑之言不仅体现天津人对美食的追崇,更表现了天津人的生活观,从天津人的饭桌上能看出四季更迭,节气变化。一碗锅巴菜吃的是老味,一套煎饼果子养育了海河儿女,狗不理包子品尝的是历史,大麻花更是家喻户晓,街头滋滋作响的熟梨糕,板车上现场制作的大糖堆儿,大碗茶、八大件、崩豆张,哪一样美食没有上百年的历史,大桥道、桂顺斋、天宝楼,哪一家老店没有上百年的传承,天津的美食就是历史与文化的延续。热爱生活,这就是天津范儿。

方言是地域文化的典型代表,天津话干净利落,活泼幽默,调侃中充分体现了天津人率真豪爽、亲切包容的性格特征。天津是曲艺之乡,从这里走出的曲艺大师,相声名家数不胜数,听相声已经成为天津人生活的一部分,茶余饭后来到茶馆,一杯清茶,一盘瓜子,消费不高却能带来无限欢乐。一个"哏儿"反映出天津人知足常乐的性格特征,天津地处九河下梢,过去的生存竞争激烈,排解生活的压力,只能自己找乐儿,"别奋丘,别年余,别折腾,别得得,别搭了个脸子",天津人磨合出了一种不说不笑不热闹的新活法。诙谐幽默,这就是天津范儿。

历史是由人书写的,生活是由人演绎的,最能体现天津特色的还是人,是柴米油盐,五行八作的老百姓。《没事偷着乐》里凭着一张既可气又可乐的贫嘴,张大民带领着四个弟弟妹妹,还有老母亲过着安逸生活。《杨光的幸福生活》里塑造了最真实的天津人物形象。天津原是北方最早开放的沿海城市,因地理位置,与北上广等一线城市存在差距,也是最容易被遗忘的直辖市,但也因为如此,天津的老百姓生活压力不是太大,很多北京人结婚在天津摆宴席,在天津买房。没事喝个酒,撸个串,淳朴的生活过得有滋有味,这种知足常乐也是天津范儿。

提起天津,不得不提自行车与独特的地名。我刚来天津,不知道小区叫"里",马路叫"道",不知道这座城市为何被称为"自行车王国",高峰时间让我体会到这个称号的内在含义,骑车穿梭于里与道之间,四通八达的小街小巷很容易迷路。自行车是最方便快捷的交通工具,天津有很多骑友,从旅游景区到城市马路,随处可见有规模有组织的骑行大军,这种既健身娱乐又低碳减排的方式很受天津百姓的青睐,这也是天津范儿。

地道的天津范儿是什么?作为一个外乡人还真说不清,一万个人有一万种看法,一万个人有一万种理解。恋上一座城不需要很多理由,作为第二故乡,我在这里书写自己的奋斗史,无论在外人眼里,这座城市是何种形象,在我的世界,这座城市最有范儿。

2014 年 9 月 21 日

终点之赞

如果一味去描述军训辛苦,有点夸张,毕竟偷懒、旷训的不在少数,还有因身体原因申请见习的也能组成一支伤病连。尽管教官不断调整计划,放慢节奏,指导员也实时鼓励、打气,并开展很多有意思的活动,但还是有个别人打时间差,打马虎眼,当生病成了无视规定的遮羞布,当把老师的包容看成自己得逞的小聪明,其实你已经输了。

晃晃悠悠,军训到了最后一天,无论你坚持或者没坚持,乐意或者不乐意,军训都要结束了。你是否还记得我们第一次见面的情景?是否还记得军训第一天的场面?是否还记得第一次站军姿的劳累?是否还记得想家时委屈的泪水?是否还记得一起过中秋的欢愉?是否还记得一起唱歌的兴奋?是否记得朋友圈里求雨的诙谐?这一切我都记得,我相信,你们一定会记得人生当中这15天,褪去了桀骜不驯,洗去了骄傲自满,弱化了目中无人,但塑造了坚韧不拔、迎难而上、诚实守信的品格,更强化了团队协作、集体利益至上的观念。

天公不作美,气温骤降,大风不停,但这一切都磨灭不掉大家会操的热情,从七点到十点,同学们耐心等待集结号的吹响。给参加护团旗的百名男生、女生点赞,你们用实际行动践行了"流血流汗不流泪,掉皮掉肉不掉队"的口号,十几天的严格训练,无论是关节酸痛、皮肉擦伤,还是手脚磨出血泡,没有一人退出,一丝不苟的态度让人感动,在今天,你们走在全团最前列,用无可挑剔的表现赢得最热烈的掌声。

给分列式方阵的千名同学点赞。最近天气多变,时冷时热,时而乌云密布,时而艳阳高照,但无论什么样的天气都没有阻挡你们前进的步伐,你们坚持到了最后。正是因大家平日的刻苦训练才取得今天的荣誉,你们用整齐划一的步伐赢得尊重。给参加歌咏比赛的同学点赞,除了日常训练还要练歌,在红歌比赛中唱出最强音,阳光健康的形象展示了大学生良好的精神面貌。给所有的教官点赞,严明的纪律,严格的要求让我们钦佩。

陪伴大家度过了难忘的 15 天,你们也陪伴我度过了快乐的 15 天,与大家为伴,我很幸运,感谢你们的体谅、理解、支持与配合,也谢谢你们每天光顾我的平台,13 篇日记,145 张照片,22010 字,这是我的账单。我很珍惜大家的每一个赞,你们的鼓励是我写作的动力,我把这 13 篇军训日记送给大家,帮助你们未来回忆点滴。

脚印是成长的足迹,时间是成长的见证,青春是我们路过最美的风景,风雨、困难造就了顽强、拼搏。

就此收笔,鸣金收兵。

2014 年 9 月 22 日

CHAPTER 5
第五章
随心随笔

淡如水

昨天去拜访了几个大学同学，无酒水茶饮，只是一杯清水，水很甘甜。

转眼大学毕业 5 年，这期间并无太多联系，毕业时每年一聚的约定没有实现，天各一方的同学再聚首又谈何容易。回想我们几人打排球，在楼道里吃烧烤，在宿舍里聊天，岁月流逝，让人唏嘘。如果让我评价自己的求学生涯，最难以忘记的就是同学之间的情谊，就像一杯清水，没有杂质。

生活淡如水，褪去浮华与都市的喧嚣，褪去快节奏的生活，只是日夜与岁月，平凡人的生活，若干年后我们经历职场的拼搏再坐在一起时，心境会坦然许多。

君子是品行高洁的人，君子之交，则是一种淡泊、不以个人得失利益为筹码和条件的交往。《庄子·山木》篇中有"君子之交淡若水，小人之交甘若醴；君子淡以亲，小人甘以绝。"

君子之交，确实很美，美就美在淡泊，如青葱、如露珠、如青灯，淡淡的雅致，淡淡的清纯，淡淡的清香，晶莹而剔透。君子之交，美得令人羡慕。

　　然而在现实生活中,淡如水的君子之交并不是人人都能效仿和做到的。因为这"淡"看似无,然其境界却远非一般人所能体会得到的。一个平淡的字眼,作用于味觉,不在甘、酸、咸、苦、辛五味之内。

　　许慎说"淡,薄味也",庄子说"淡然无极而众美从之"。北宋大文学家欧阳修在《画论》中说:"萧条淡泊,此难画之意,画者得之,览者未必识也。故飞走迅速,意试之物易见,而闲和严静趣远之心难形。"这"淡"若隐若现于人与人之间,让人之间有了错综复杂的关系。

　　君子相交,不被利欲所累,全凭用心相处,无需过密交往,则君心常相知。为人交友还是交些诚实真挚的淡友,交些志同道合的君子,虽无酒肉粉黛,亦不能常相聚首,却也清澈明净,肝胆相照,情义悠远……

　　君子之交,其淡如水。执象而求,咫尺千里。问余何适,廓而亡言。花枝春满,天心月圆。子期与伯牙,知琴音定知己,为挚友断香弦。太宗与魏征,君臣亦如朋友,谏明言稳大业。相如与文君,因共赏而结缘,因宽容而守情。

　　君子之交淡如水,浓于血。一生知己无几人,半杯清水聚知音。

2009 年 8 月 7 日

谈毅力

实在找不到更好的借口来解释最近的懒惰,长时间未更新博客,老掉牙的几篇文章缺少吸引力。忙?不是,因为常常在网上斗地主。累?不是,经常熬到半夜看《三国》。没感受?更不是,最近常有新闻让我思绪万千,但仅仅是灵光一现,转瞬即逝。想来想去,找到了答案,我缺少毅力。

相信很多人看到题目会有索然无味的感觉,这种中小学生命题作文实在是没有新鲜感,仅在百度上搜索毅力二字,便会出现这样的结果"相关网页约 56,400,000 篇"。

我不喜欢说教,所以不会空谈毅力,更不想去写教大家如何培养毅力,能看到这里还没关掉网页的人说明对该话题还是有些兴趣。从文海之间选取四位名人的故事谈谈毅力。

孔子,儒家学派代表人物,人们尊称他为万事之表。三岁时父亲过世,他备受族人歧视,在没有造纸术,也没有印刷术的年代,流传的著作全靠传抄,想要保留别人的著作须一字一字地用刀往竹片上刻,再把刻好的竹简按顺序保存。《易经》便是孔子刻的,由于翻阅次数太多,结实的牛皮绳都断了好几次,孔子就是在这样的逆境中成为圣人的。

霍金是国际著名数学家、理论物理学家,大学时期患"肌肉萎缩性脊髓侧索硬化症",半身不遂,丧失语言能力,全身仅有三个手指能活动的人凭着超强毅力研究出宇宙黑洞,被誉为继爱因斯坦之后世界上最著名的科学思想家和最杰出的理论物理学家。

美国第 16 任总统林肯,八次竞选失败,其中一次导致他几乎精神崩溃,但他没有放弃,最终成功,他领导了美国南北战争,颁布《解放黑人奴隶宣言》,维护联邦统一,为美国在 19 世纪跃居世界头号工业强国开辟了道路,使美国进入经济发展的黄金时代。

法国有机化学家维克多·格林尼亚,少年时代,家境优裕,父母溺爱,使得他没有理想,整天游荡。可好景不长,几年后他家彻底破产,一贫如洗,昔日的朋友都离他而去,甚至连女友也当众羞辱他。他开始发奋读书,立志追回被浪费的时间,9 年以后他研制出格氏试剂,获得诺贝尔化学奖。

没有特殊的境遇就磨炼不出超凡的毅力,没有超凡的毅力就不可能培养出超凡的名人。在我身边,最不缺的就是说毅力话的人,查完英语四级成绩,就会有人信誓旦旦地说"废寝忘食学英语""下次必过"之类的话。第一天资料不离身,无论什么课,主题永远是英语;第二天单词不离口,甭管见了谁都用英语问好;到了周末,赶场一样地去培训机构学习,但学习的热情就像季节更迭一样,从暖渐冷,几周后,生活又回归原点。

很多新生都报名副辅修,我也尽全力地向大家说明考取双学位的条件,我相信只要功夫深,铁杵磨成针。如今再有学生找我咨询,我先问一句,"你准备好了吗?"我实在看不下去大家疲于应付,一学期后再也坚持不住。我上大学时,李阳来学校做"疯狂英语",只见无数双手着魔一般在脑袋顶上划圈,歇斯底里般地喊着并不押韵的秘诀,那几日我绝对是全民英语中的一员,立誓每天到图书馆背 30 个单词,结果一学期结束,我还在背以 A 为开头的单词,词典也没有翻到第五页。

工作、学习需要毅力,感情亦然,除了冲动,坚持、经营同样重要。大学同级有个男生,兴师动众地在操场向一女生表白:"对你的爱无需过多华丽言语,如果非要找一个词,那就是永恒。"女生瞬间泪如雨下,这一幕让在场的"吃瓜群众"羡慕不已,以能得到这样的爱情为目标。可没过多久，男生的目光就转到别人身上了，成了系里的一个笑话。在校园里，看有的同学走马灯一样换着恋人，我想问为何出现这种现象呢？

医生告诉我需要加强锻炼，两年下来，从风雨无阻跑步三公里的他，到夏天之前塑造成胸肌男的他，都是我不同阶段一起运动、鄙视、打闹的对象，我从一公里跑到了十公里，他却到了零公里。我不止一次听到女生惊呼长胖了，发誓多运动，少吃饭，我相信女生为了追求美能有超强的毅力，也见过连续一周缠满保鲜膜挥汗如雨运动的同学，时间一长，原来女生减肥的毅力也是容易发生改变的，我看见过一个很搞笑的 QQ 签名："想吃就吃。为了保持身材让自己饿着，那是世界上最愚蠢的美丽！"

闲暇无事，寥寥数笔，如有雷同，纯属巧合，切勿对号入座，文中涉及我几个朋友，绝无中伤之意，培养毅力才是本文的目的。

2010 年 5 月 31 日

谈定力

　　一直下着小雨,给连续炎热的天气降温,但不知为何,却浇灭不了我心中的焦躁,我被更多毫不相干的事情影响到情绪,我告诫自己淡定,然而自我审视,总是惭愧。

　　很多次准备将一脑子想法写出来,可是接到电话邀约就出去玩了。周末,本计划看书写字,接到朋友信息说出门喝酒,我放下书本赶往目的地,尝试拒绝但心有所念,始终跳不出怪圈,我常对学生说要有定力,学习时排除干扰,结果自己还没做到。

　　定力是一种忠贞不渝、矢志不移的执着追求;定力是一种不畏艰难、百折不挠的顽强精神;定力是一种宠辱不惊、临危不乱的生活状态;定力更是一种淡泊名利、宁静致远的高尚境界。孔子曰:"知止而后能定,定而后能安,安而后能静,静而后能虑,虑而后能有得。"

　　定力是佛家语,修行佛法,得成正果,要靠定力;世人学成一门技艺、成就一项事业,也无不要靠定力。学文习武、琴棋书画,只有有了过人的定力,方可出类拔萃。

　　围棋大师李昌镐,人称"石佛",只因他在对弈时有超常的定力,无论处于优势还是劣势，均镇定如常，不露半点声色。行家说他的棋风不剽悍、不出奇，看上去似乎很平常，但这种平常的棋风，让其他高手难以理解。画家梅墨升从少年时便自修文史哲，练内家拳，深入研究书史画论，勤奋作画，终于声震画坛，成为名家。有人说他"靠着坚守中国传统笔墨精神的定力，在纷扰的当代画坛，表现出可贵的冷静与沉着"。他在《盛夏图册》题记："外缘虽热，内境清凉，余定力尚可乎？"这是自问，也是自定，定力是他解决内心诸多矛盾的关键。

唐僧有定力，面对荣华富贵不贪心、天仙美色不动心。取经路上多磨难，步步受灾，不是妖魔鬼怪吃他的肉以寻求长生不老，就是佛祖神仙为了考验其心智让他饱受皮肉之苦。唐僧是个凡人，有血有肉，有情有欲，常言说："英雄难过美人关。"当孙悟空在女儿国调侃他时，他落下两行泪，男儿有泪不轻弹，只是未到动情时。所谓爱情就是由心动而入真情的过程，然而，对于这位身负取经重任的大唐圣僧，想起万里之外的故土与故人，面对缠绵爱意，只能算是一场劫难，他的身心寂静了，这一切都彰显圣僧内心超凡的定力。

面对嫉妒怨怒，心宽似海是定力；面对是非纷争，心静如水是定力；面对功名利禄，心明如月是定力；面对磨难打击，心坚如钢是定力。

2010 年 6 月 2 日

谈耐力

　　《三国》热播，看到结局，心情复杂。浏览了很多剧评，褒贬不一，今天所写文章主题并不是剧评，而是从和诸葛亮在谋略上分庭抗礼的智臣司马懿说起。

　　我接触三国的内容很早、很多、很杂，但到今天看完该剧，发现忽视了一个人，改变了对他的印象，增添几分敬畏，不是因为他的博学洽闻、伏膺儒教、韬光养晦，而是因为他超凡的耐力。在诸强割据的东汉末期，虽"常慨然有忧天下心"，却"养志闾巷，阖门自守"，得以修身养性，乱世求全，深得老子"大智若愚、大巧若拙"的精髓。

　　三国不缺胸怀大志的英雄，不缺足智多谋的谋士，更不缺武功盖世的豪杰，为什么他们凑在一起都无法统一天下，反而让一个后来者完成了曹、刘、孙的梦想？司马懿的一句话说中重点："我出剑一次，可磨剑磨了几十年。"

　　这豪言壮语是具备何等耐力的人才能说出？诸葛亮不及，从隆中出山就备受刘备尊捧，众多将士更是唯命是从，这样的环境可以让他集中精力谋计打仗；周瑜亦不及，虽才智过人，但心胸狭窄，耐力更无从说起。纵观三国，只有司马懿是不求闻达、不计得失、隐忍从容的高手。

　　建安六年，郡中推举他为上计椽，曹操派人召他入府任职。司马懿见汉朝国运已微，便借口自己有风痹病，20 岁左右的年轻人诈病放弃了做官的机会。建安十三年，曹操用强制手段辟司马懿为文学椽，任黄门侍郎等闲职，他勤于吏政。赤壁大战败退南郡，士气低落，曹操鼓励兵将并总结原因，说话间，司马懿响起鼾声，时年 29 岁。北归后，司马懿教授曹冲，曹冲夭折，他辞官守灵三年，跳出圈外审时度势。司马懿辅佐曹丕，但不受信任，得不到兵权，身边反而被安排了眼线监视，饱受曹氏亲贵排挤。诸葛亮北伐中原时他几次临危受命，获得赫赫战功后非但得不到赏赐，反遭罢官夺权。面对诸多不顺，他谨言慎行，低调而为，无恼怒与怨愤之言，最终在曹芳离开洛阳祭祖时，发动政变，全权掌控魏国朝政，奠定了"天下归晋"的基础，时年 69 岁。试想这几十年若没有超凡的耐力，怎能成功？

　　成功是每个人追求的目标，人生如何才能成就一番事业？聪明的人往往不务实，务实的人往往不聪明；有悟性的人工作没有耐性，有耐性的人工作缺少悟性。获取成功既需要悟性，又需要耐性。有悟性才能做得好，有耐性才能做得久，可惜这样的人太少了。

　　太聪明的人悟性高，他不需要怎么努力就能做好，所以往往不勤劳，就像许攸、杨修之类，这是人性的弱点。一个人无论多聪明，如果不愿意在一个行业内潜心经营，很难成为行业的专家。另外一种人，他们很务实、有耐心，愿意学习、愿意成长，也肯吃苦耐劳，可悟性太低、成长太慢，也许竞争还没开始，就被淘汰出局了。因此，成功既需要智力，又需要耐力。三顾茅庐靠的是毅力，"汉贼不两立，王业不偏安"靠的是定力，而"三分天下，一统归晋"靠的是耐力，大成功不是百米赛跑而是马拉松，比的不是爆发力而是耐力。

　　我终于明白，大禹靠什么治水、愚公靠什么移山、精卫靠什么填海。道理说起来都懂，做起来很难。

2010 年 6 月 6 日

谈创造力

学校连续两年举办文化创意大赛,作为承办单位,所有作品都集中在我们这里,上百份的项目创意书和实物占满办公桌,从数量上看很欣慰,随手翻阅却有种说不出的感觉,总之积极参与的热情是好的。

创新是当今社会的关键词之一,没有哪个时代如此重视创造力的培养。我一直以来都没弄明白到底什么是创新、到什么程度才算创新。

作品大概分七类。

第一类空想主义,想法很多很奇很新,如若没有好莱坞导演的帮助很难实现。

第二类好大喜功,暂且不说创意出来的东西有无价值,若没个《非诚勿扰》里的风投也很难成为产品。

第三类墨守成规,文化创意不是走老路,看过一万遍的东西实在是没兴趣继续。

第四类天真烂漫,不是把十八街大麻花的包装贴上星座就是创意,不是把狗不理包子油炸就是创意,更不是把杨柳青年画印到 T 恤上就是创意。

第五类莫名其妙,用几千个一次性塑料袋扎成婚纱,我很难明白其中的寓意与创意,用现实的污染呼吁环保?还是用现实的浪费倡导低碳?

第六类应付差事,我看见一个用自行车圈做成的摩天轮,极其粗糙,没有好点子可以不参加,也省得浪费一个车圈。

第七类就是创造力的体现,他们的作品让我深受启发。

6 岁的曹冲称象在方法上是创新;7 岁的司马光砸缸救人在过程中是创新;25 岁的爱因斯坦冲破权威圣圈,提出了光量子理论,创立了震惊世界的相对论是科学上的创新;40 岁的商鞅变法帮助秦国从落后国家一跃成为"兵革大强,诸侯畏惧"的强国,是制度上的创新;80 岁的齐白石五易画风,形成自己独特的流派与风格,他告诫弟子"学我者生,似我者死",是在艺术上的创新。

创新对个人和企业来讲,失败的成本与承担的风险大不相同,我们鼓励求学阶段的大学生大胆创新,这种创新并不意味着必须成功,而是积累经验,总结教训,寻找方法。成功固然可喜,失败也不可怕,大不了从头再来。而企业则不同,昔日的手机霸主诺基亚,就是因为失败的创新成为了过去。

创新既然是一种再创造的过程,必然离不开实践,"纸上得来终觉浅,绝知此事要躬行",纸上得来的知识总感觉不是很深刻,要真正弄清其中深意,必须在实践中亲身体验,很多东西都是自己吃过苦头,走过弯路,才明白其中道理,所以说创新并不是轻松的美差,而是要经历无数次失败的苦差事。

爱迪生用一千多种材料做灯丝失败后才发明了电灯成为闻名世界的科学家;小仲马认真创作,辛苦努力却换来一封封的退稿信,直到《茶花女》问世才震惊文坛。还有很多事例表明,没有顽强拼搏的毅力,没有坚持不懈的付出,创新无从谈起。

之所以有那么多疑问,也是在启发自己,中国有句古话"常有所疑",这是创新的开端,勇于破疑,是创新的动力。"苟日新,日日新,又日新。"——《礼记》

2010 年 6 月 7 日

清 心

天气闷热,知了不知疲倦地叫,泡一杯清茶,让躁动的心平静下来。

结束在北京的培训,聆听了许多专家学者的讲座,先进的方法、深厚的理论、独到的见解让我受益匪浅,同时认识了许多高校同行,朝夕相处的日子充满快乐,思想的火花碰撞在一起让我有了许多新的想法。

品一口刚泡的碧螺春,一股清香沁人心脾,感觉精神陡然一震,喝茶我还从未有过这样的感觉。于茶,谈不上懂,我没有文人雅士品茶时的心境与情怀,一直把茶当作解暑去火的良品。入口清气正,瞑目余香长。一瓯天地阔,二盏豪气扬。风生碧毫末,云起琥珀汤。三杯两盏后,烦恼不思量。茶,清心。

有句话这么说,"静坐常思己过,闲谈莫论人非",能清心的人才能思考得更深入,让内心更平静。当我们受困于某个问题时,很多人都是在急于寻求解决的途径,往往得不到好的效果。在未有清晰思路的时候,应该让自己的心平静下来去分析,就像一滩混浊的水,慢慢地沉淀。等心静下来,好的方法就会显现,正所谓水清月现。在高压复杂的环境里,我们内心往往受到限制,心不清思维则乱,传达的指令自然不会那么完美,就像今天,如果不让自己去品茶、静坐,又怎能让自己清心,体会更深的层面?当品茶静坐时,已经放下思想包袱,才会有恍然大悟、醍醐灌顶的体会。

清心首先要让心安静,我一直在向外看别人,却没有向内看自己,忽略了自己内心待开发的那片处女地。在工作与生活中,我把目光都放在了一流高手上,盲目崇拜,不断靠拢,而到夜深人静时却又迷茫于"我在追求什么"这样的苦恼中。其实一个真正成功的人应该有两只精准的眼睛,一只在观察外部领域,而另一只则在关照自己的内心世界。一个只顾着外部而不珍视自己内心的人只能随波逐流淹没在人海中,当还在失败与成功之间挣扎时,更应该去思考什么才是人生之本。

清心带给我的不仅是快乐,留下的不仅是思念,更多的是对人生的思考。

2010 年 8 月 10 日

追忆沈先生二三事

　　今天是农历二月二，俗称青龙节，传说是龙抬头的日子，也是在今天，沈先生走了。

　　9 年前，我来天津师范大学读研究生，从那时起"沈德立"这个名字就深深地印入我的脑海里。开学典礼上，主席台上所有校领导都恭敬地等两位教授入座后才坐下，我好奇地向身边的老师询问，才知道他们是我国政治学家徐大同先生和心理学家沈德立先生，按校长的话说："他外出开会，全国同行不知道天津师范大学校长是谁的人很多，但不知道二位教授的人很少。"可见二位老师在全国学术界的影响和地位。

　　现在很多同学不熟悉沈先生了，早几年在校园，提起沈先生无人不知，他坚持给本科生上课，教室座无虚席，还有很多外校、其他专业的同学蹭课。沈先生提倡学术争论，认为不同学术思想的碰撞可以产生创新的火花，他还提出了"爱国、尊师、勤奋、认真"的学科建设指导思想，在发扬学术民主、埋头苦干、实事求是、勇于创新的气氛中，一步一个脚印，最终取得了"发展与教育心理学"国家重点学科的优异成绩。

　　沈先生治学态度严谨。2006 年学校有一篇论文《汉语双字词语义和语音启动的

ERP研究》入选"全国百篇优秀博士论文",这是博士学习阶段的最高荣誉,导师就是沈先生。他常说:"要走出一条中国心理学的道路,仅靠一代人是不够的。"为此,他言传身教,把自己几十年来积累的科研经验毫无保留地传授给青年教师和学生们,将自己的样板论文从构思到结果,层层分析,使他们领会精髓并学以致用,沈先生对学术的一丝不苟让每个人都佩服。

2010年天津市对在津高校进行心理健康中心评估,有很多评委都是沈先生的学生,其他高校的心理健康中心在建设阶段也都请教沈先生。我们开玩笑说:"有沈大爷在学校坐镇,哪个敢给不过?要是我们学校不是优秀,哪个学校又能优秀?"评估当天,沈先生为了避嫌,不给评委带来压力没有出席评审会,汇报工作由沈先生的高徒、年轻的博导进行,厚厚的材料里不知融入了沈先生多少心血。充分的准备、精彩的演讲、详细的材料、深厚的基础赢得高度赞扬,态度决定一切。

20世纪80年代,沈先生和他的老师张述祖先生承担了国家教委下达的统编全国《基础心理学》教材任务,该书编著用时5年,具有"时代特色和中国特点",获得"国家级优秀教材奖"。同时,为了克服心理学教学中理论脱离实际的缺点,沈先生又主持研制中国第一代国产心理学仪器,填补了国内空白。他先后承担教育部人文社科"九五"和"十五"重点课题,为我国培训了660人的大学生心理健康教育师资队伍,特别是在汶川地震后,他带病主持研制了"抗震救灾心理援助"项目。

沈先生经常说:"人总要有一种精神,不能光考虑物质利益。不能以自己为中心来考虑问题,要多想想国家和人民的需要,还要想想其他同志的利益。"书坛泰斗欧阳中石教授根据对沈先生为人处世的了解,特意写了一幅书法"人以德立"赠予他以表敬意。

1639年的今天,为纪念约翰·哈佛,哈佛大学正式得名;1781年的今天,英国天文学家F·W·赫歇耳在其妹C·L·赫歇耳的协助下,用自制的望远镜在作巡天观测时,发现了天王星;1930年的今天,美国天文学家汤博宣布发现冥王星。

同样是在今天,1084年,宋代女词人李清照出生;1733年,英国化学家约瑟夫·普利斯特列出生；1741 年，神圣罗马帝国皇帝约瑟夫二世诞生；1855 年，美国天文学家帕西瓦尔•罗威尔出生；1888 年，苏联作家和教育家安东•谢苗诺维奇•马卡连柯出生。

还是在今天，1901 年，美国第 23 任总统本杰明•哈里森逝世；1906 年，美国女权主义活动家苏珊•安东尼逝世；1977 年，《七七宪章》运动的发言人和领袖、捷克哲学家雅恩•帕托什卡逝世；1996 年，波兰电影大师基耶斯洛夫斯基逝世。

2013 年 3 月 13 日，我国著名心理学家、教育家，天津师范大学资深教授、博士生导师，教育部社会科学委员会委员、教育部普通高校大学生心理健康教育专家指导委员会主任、教育部人文社会科学重点研究基地天津师范大学心理与行为研究院院长，全国教育科学规划领导小组心理学科评审组组长沈德立逝世。

向沈先生致敬。

2013 年 3 月 13 日

岁末感言

时间飞逝,不知不觉过了 30 岁,尽管我不服岁月,尽管努力地回忆大学的美好时光,尽管我能清晰地记起大学的每一位老师、每一个同学甚至每一次活动、每一堂课,尽管和 95 后的同学仍能一起嗨皮,尽管……这些尽管都已经成为我最大的心理暗示,不管接受也罢,不接受也罢,青春都已经成为回忆。

以前不觉得孩子可爱,但 2013 年的《爸爸去哪儿》改变了我的观念,我从没如此认真地看完一档综艺节目。五位认真的爸爸、五位可爱的萌娃,12 期节目给我留下深刻印象。他们的变化让我惊讶,爸爸从啥也不会到洗衣做饭,孩子从独立自我到互相帮助,最后一集爸爸给孩子们写信,字里行间体现了父爱的伟大。

以前从没像现在这样关注网络,过去只把它当成沟通工具、了解世界的窗口、休闲娱乐的方式,但在 2013 年,网络成为了我的一种习惯,新媒体走进了我的生活。无论是全国辅导员博客大赛,还是微信公众平台建设;无论是微博的各项评比,还是利用新媒体学习、工作,我都在探索尝试。忘不了同学们为我积极投票的场面,忘不了大家在网上互动时的热情,更忘不了同学们给我留的每一段话。

以前我觉得有很多朋友,但在 2013 年,我发现朋友圈越来越小。节假日更愿意和几个老友在一起谈天说地,我想,这也许是一种沉淀或者筛选,通过时间把志同道合的人聚在一起。而更多的成为了通讯录里的名字、QQ 里一个个隐身或者很久都不再联系的人。朋友不需要多而需要精,不需要金钱和地位而需要真诚相待,不需要天天黏在一起而是一种惦记。

以前我觉得辅导员只是孩子头,但在 2013 年我比过去更加珍惜现在的工作,我不知道什么时候会离开现在的集体,离开辅导员岗位。随着 95 后同学进校,年轻同行加入学生工作队伍,80 后的辅导员还能否适应年轻一代,他们是否还需要我?我比过去更珍惜共青团工作,更珍惜学生会,更珍惜每一位同学、每一次集体活动。从 2005 级起一直到现在的 2013 级,在天津的十年,是同学们陪我度过的,有谁能比逢年过节收到无数个祝福信息而感到幸福?有谁能在网络上互动,轻易就搜集几百个支持的"赞"感到有成就感?师生之间的关系越来越默契。

时光荏苒,白驹过隙,感慨时间飞逝,听到最多的也是家人、朋友们说时间过得太快。案头堆积如山,一天就过了;制订的写作计划没有完成,周末就到了;画架上的作品刚刚完成一半,年关就到了,我也不知自己何时有了这么强的危机感。年年迎新生,送毕业生,感受到"逝者如斯夫,不舍昼夜"。需要抓紧时间,努力实现自己的梦想。

我的 2013 年过去了,2014 年,幸福快乐还会远吗?

2014 年 1 月 1 日

梦

说说梦的话题。

很长一段时间我的睡眠都不是很好,通过药物解决实属无奈,但这两个月,我踏实了许多,失眠只是偶尔,奇奇怪怪累心的梦再也没有出现,这种踏实源自现实生活,人心静了,自然梦也就少了。

关于对梦的解析,中国自古就有,梦的神秘,祖先亦早知之,梦文化是中国古代文化中不可缺少的重要组成部分,在民间流传甚广。梦是一种意象语言。《庄子·齐物论》云:"且有大觉,而后知此其大梦也。"这些意象从平常事物到超现实事物都有,事实上晚上做梦就是白天生活和内心世界的写照。

梦是窥探内心的一面隐秘之镜,是另一种虚幻却真实的人生体验。正如庄周梦蝶,我们常常会被奇异怪诞的梦境所震惊,并感到迷惑。它意味着什么?它在暗示些什么?梦是窃听自己潜意识和意识相互交流的机会,它为人们打开了通往自我整合的大门。梦是一种奇异现象,而做梦的经验,也是人所共有的。但在人类文化中,无论古今中外,对梦的了解始终是一个谜。

梦分美梦与噩梦,我们在内心进行了定义与划分。做到美梦的时候,潜意识告诉自己不要醒,让做梦的时间长一点,醒来后还要努力地去回忆梦境中的美好,不放过任何一个细节,然后用"美梦成真""梦有所想"等一大堆华丽的辞藻去修饰这个梦。相反,做到噩梦,用"梦是反的"来安慰自己,不知道多少人有这样的经历,梦中醒来,枕巾已经被泪水打湿。从心理学的角度来看,梦只是有意识看无意识的一扇窗户,梦是人释放压抑的主要途径,隐藏在潜意识里的欲望无法在现实生活中说出来或找到,形成矛盾,进而形成一种动力,这种动力使欲望寻找另外一种途径获得满足,这就是梦。

经常听人说:"我已过了做梦的年龄。"透露的更多是一种无奈,是一种心理反应。每个人都会做梦,梦与生俱来,随之而去,伴随人一生。只要人的大脑思维能力还在,梦就会长久不衰。

梦如同人的身影一般,既司空见惯,又神秘莫测;既虚无缥缈,又真实可见。若说梦是幻觉,然梦中之人物事件,醒后皆历历在目;若说梦是真实之表现,然醒后难找与梦中人物事件完全一致者。有时日有所思,夜即梦之;有时梦中所见,日即遇之。

梦终归是梦,生活不能因梦而改变,更不能因梦而逃避,现实中有很多比梦让人高兴的事。

2014 年 10 月 4 日

烧瓷的老刘

身边有一群这样的朋友。

他们活跃在京津沪的艺术圈里；他们才华横溢，执着地在艺术的道路上前行；他们在各自领域取得不小的成就；他们很有品位，生活中充满乐趣；他们把自己的时间与精力放在艺术创作中；他们把心血和汗水都倾注到作品中。

虽然我也是学习艺术的，但我很难理解他们的精神世界，有时在北京朋友的工作室与各路艺术家交流，无论是穿着还是状态，无论是外在还是内涵，我都不及，基本是保持沉默。当然，我的作品也不能和他们的相提并论，比起大胆前卫的艺术尝试，我只是固步自封的小学生。

老刘就是我此类朋友中的一位。他是我大学工作的同事，清华大学美术学院陶瓷方向毕业的。我 2004 年来天津读研，他 2004 年来天津工作，他的性格是典型的艺术家特质，初次见面的人都认为他很牛，爱搭不理，给人的感觉除了慵懒就是颓废，我们也是经历了很长的一段时间才达到今天相对默契的程度。

老刘比我大 5 岁还是 6 岁,我也不知道,因为我俩目前状态都一样。我俩此前的沟通仅限于他有课来学院,一起下象棋、斗地主,他吞云吐雾,我被动吸烟,偶尔一起出门吃个板面,也许是微信的出现才拉近了我们的距离。

老刘是做陶瓷的,水平极高,朋友调侃,他是长江以北烧得最好的人,这个好也许不代表水平,而是态度。在北方,陶瓷市场并不像书画市场一样火爆,观望者多,出手的少,所以老刘的日子过得不算太土豪。烧瓷的费用不比书画,成功率也不高,稍有瑕疵就地销毁,不能让任何残次品流通在外,更何况他在艺术上患有"强迫症",所以说没有真金白银很难维持,但他也从未因资金问题耽误工作,几百平方米的大工作室、近千万的固定资产,低调地彰显烧瓷人的"奢华"。

经常有各种名流造访他的工作室,一屋子烧好的瓷器里不乏名家之作,随随便便一个瓶子的价格都令人咋舌。老刘不是商人,他不急于出售作品,有人到他的工作室像到超市抢打折商品一样买瓷器,也遭到了拒绝,按他的话说,好东西不能被不懂艺术的人玷污。老刘也不像商人,很多朋友在他那儿画瓷都不给钱,一个胚子的成本就要几千元,尽管老刘偶尔也会找我吐吐槽,但朋友下次来时他仍然笑脸相迎。老刘原则性很强,就我俩这关系,我看中他画的一瓶子,分期付款都会遭到鄙视,但他高兴时也能大大方方送我一个。大学老师的工资是有限的,所以你很难想象他靠什么在支撑,他到底要把瓷卖给什么样的"有缘人"。

艺术创作本身就是一个苦行僧的活,烧瓷更是一个苦差事,大家在欣赏绝美的艺术品时,有谁能想过创作者的艰辛?说烧陶瓷的是艺术家没有错,瓷器在中国的历史地位没有什么能代替,如果说烧陶瓷的是民工,从某些方面来看也没有错,每天和泥土、石膏、矿物质、煤火打交道,开着脏兮兮的破面包车来回拉货,配泥、拉坯、成型、制作、画图、配釉、煅烧,每个过程都亲力亲为。一件好的作品要靠天时地利人和,烧瓷不仅是脑力劳动,更是体力劳动,所以在我的印象中,没有哪天见过老刘是穿着干干净净的,当他开着自己那辆零减震的"五菱宝马"拉我出去吃板面时,我竟不自主地问了一句,你来学校,门口的保安让你进吗?

　　老刘算得上是一个淡泊名利的人，也许他把自己的注意力更多地放在陶瓷上，没时间去操心别人家的闲事。没课的时候我基本上见不到他，斗地主我也从没赢过他。老刘是个简单的人，接触时间短很难走进他的世界，不投脾气的人他的话更少，聊得来的人他口无遮拦。老刘也是个非常有意思的人，真性情，喜怒哀乐都写在脸上。

　　天瓷画院是老刘的工作室，但我觉得更像他的精神寄托，泡一壶普洱畅聊古今，品一杯白酒笑谈人生，在忙乱复杂的现实生活中，能有这样一方净土，也是幸运。也就在今天，我也算凭着人品正式入股他的天瓷画院了。

　　写到最后，我还没告诉大家老刘是谁。索性我也就不说他的全名了，找到我也就找到他了。

2014 年 10 月 28 日

速写老杜

　　老，在中国的汉语词典里有很多意思，不仅仅表示年岁，还有关系的熟悉程度，所以我称老杜，不是因为杜老师比我大 20 岁，更多的是表达我对杜老师的尊敬和崇拜，还有杜老师是我的老朋友。

　　老杜是河北师范大学美术与设计学院的教授，当代著名艺术家，在专业上绝对是我追崇的对象，无论资历、阅历称他为老杜我都是高攀，诚惶诚恐，但他丝毫不介意我这样称呼。我们结缘于四年前，第一次见面的时候，便聊得很投机，毫无陌生感，俊朗的外形、洒脱的作风、直率的性格、幽默的谈吐，这就是他留给我的第一印象。这些年，我认识了很多艺术家，但像这样对于我等学生辈或者粉丝都保持着一颗平常心的却很少，比起"高冷"的他们，老杜绝对是接地气的艺术家。

　　老杜是体制内的教授，凭目前在艺术圈的声望与资历完全可以过着"闲云野鹤"般的生活，但他没有完全陶醉在高大上的艺术殿堂，反而俯下身来，把目光投向基础美术教育。除了大学教授，他的另一个身份是中国美术高考教育联盟的会长。他在石家庄成立了全日制美术学校,100 多名老师、2000 多学生的规模,相当于大学里的一个二级学院,他的美术学校在河北乃至京津冀地区都首屈一指。

老杜和我聊天,他讲述了十多年办学的酸甜苦辣,没有一定的耐力与毅力绝难达到今天欣欣向荣的局面,会画画和教画画是两个概念,教画画和办学也是两码事,办好一所学校也不是仅靠热情与激情就能成功的,科学的管理、优秀的师资、良好的环境、合理的课程、出众的水平都是老杜每天要考虑的。老杜的美术学校是出了名的管理严格,我的学生里,只要是河北生源的十有八九都曾经在他的美术学校里培训过,同学们提起在那里的学习过程,就一个字"累",上课有严格的考勤制度,每天都有不少作业,完不成会有"惩罚"。虽然同学们列举了种种近乎苛刻的要求,但我从没听到任何一个人说不好,言语间充满了对老杜的感激,吃得苦中苦,方为人上人,对于个性强,又处于青春期的艺术生来讲,没有规矩,又怎么能有今天的大学生活?

我经常去石家庄,每次都会和老杜吃饭喝酒,但几乎没有一次他是正点赴约的,时间总是一拖再拖,并不是因为老杜架子大,而是因为晚上的大课,他要亲自作示范。经过十多年的发展,美术学校已成为多媒体教学的现代化学校,三个年级 2000 余名同学通过现场直播的视频教学提升绘画水平,老杜作为校长一定亲力亲为。我在高三教室和同学们一起听课,碳铅在他手里成为表达个人情绪最有效的工具,纸张在他眼里已具有了生命力,两者完美结合让最基础的素描成为绝美的艺术品。两个小时的课程,中间是没有休息时间的,教学区里异常安静,没有学生走动,也没有人说话,都在目不转睛地盯着大屏幕,与其说大家是在学习老杜如何作画,不如说是老杜带着孩子们进行一段美妙的艺术之旅。标志性的签名是一堂课的结束语,同学们报以热烈掌声,这掌声是感谢老师一晚上辛苦的工作,也是对自己的鼓励,我把掌声送给杜老师,佩服他严谨的治学态度。

艺术家是很随性的,别看他上课的时候神情严肃,办学的时候有些较真,但生活中的老杜性情豪爽,不拘小节,喝酒品茶,谈天说地,大方豪爽,有求必应。为了参加老杜画展的开幕式,我一早就驱车到北京,拥抱是我俩每次见面的方式,老杜忙里忙外,为下午的开幕酒会做着最后的协调与准备,尽管他手下各个都是精兵强将,但一向严谨的他对每一个细节都考虑得非常充分。老杜告诉我,虽然国内外的各种展览都有他的作品,但这是第一次搞大规模的主题个展,还略显紧张,这一点比起动不动就搞个展、巡展,请一大帮社会名流捧场的艺术家们,老杜也算是个"非主流",过了知天命之年才举办自己的个展。

开幕式还有几分钟,我和老杜作了最简单的交流,帮他整理了下衣服,能感觉到高兴的神情里还有一丝紧张,他告诉我这种紧张是来自作品,不知道这几十幅素描作品能否打动观众。这句话不是客套,更无需自我谦虚,而是源于他的内心,马克思曾经说过,"越是多读书,就越是深刻地感到不满足,越感到自己知识贫乏",或许老杜也是这样,这种紧张并不是因为作品,而是他对自己艺术要求的严格。当老杜走到台前,聚焦在闪光灯下,接受四面八方朋友祝贺时,站在远处人群中的我由衷为他感到高兴。

艺术作品先睹为快,在正式开幕之前,我独自在几千平方米的展厅里认真欣赏每一幅作品,看多了颜色丰富、形式多样的艺术展览,简单的素描作品更让我心静。我没有高深的艺术理论水平去品头论足,更没有杜老师对素描的理解与技法,甚至连对铅笔与纸张的熟悉程度也不及,我只能用"情有独钟"四个字来形容。独立策展人李铁军先生在前言中写道:"如果,有一天你离开他,你才会发现原来大师就在你身边……如果,你用智慧的汗水洗去你认识上的尘埃后会发现大师并不遥远!"这是同行对杜老师的评价,也是一种期待。

2014年10月15日在北京召开的文艺工作座谈会上,习总书记说:"人民是文艺创作的源头活水,一旦离开人民,文艺就会变成无根的浮萍、无病的呻吟、无魂的躯壳。能不能搞出优秀作品,最根本的决定在于是否能为人民抒写、为人民抒情、为人民抒怀。要始终把人民的冷暖、人民的幸福放在心中,把人民的喜怒哀乐倾注在自己的笔端,讴歌奋斗人生,刻画最美人物,坚定人们对美好生活的憧憬和信心。"这一点,老杜做到了,我不仅仅以能有位大师级的艺术家朋友为傲,更为能拥有一位"人民艺术家"朋友为荣。

　　"杜建奇素描艺术展"为寒冷的京城吹来一股清新之风,比起热闹的开幕式场景,我还是喜欢空旷的展厅,独自去品读老杜的作品,耐得住寂寞才能创作出更好的艺术作品,我猜想这也是老杜成功的秘诀吧。老杜对我偏爱,把收录了此次画展全部作品的书籍送给了我,更让我感动的是,画册的封面作品,那幅爱笑的小女孩也赠予了我,作为他的众多粉丝之一,我获得如此高规格的待遇。寥寥数笔表达我对老朋友的祝贺、对老杜的感谢,更表达我对杜老师的敬意。

2014 年 11 月 18 日

用事实说话

  美国杰出的心理医生 M·斯科特·派克在他从业的经验基础上著了一部书《少有人走的路：心智成熟的旅程》，经过读者的口耳相传，迅速畅销，曾在美国最著名的《纽约时报》畅销书排行榜上连续上榜近二十年，创下了出版史上的一大奇迹。书中谈到人的自律，所谓自律，是以积极而主动的态度，去解决人生痛苦的重要原则，其中主要包括四个方面：推迟满足感、承担责任、尊重事实、保持平衡。而我想说的就是，在今天信息传播速度快、范围广、影响大的背景下，尊重事实显得更为重要，尊重事实是自律的第三种原则，意味着如实看待现实，杜绝虚假。为了达到一定的目的，用不实话语去引发群体效应，不仅违背了原则，甚至触碰了法律。

  2014 年 4 月 17 日和 11 月 18 日，两名备受关注的网络推手"秦火火"和"立二拆四"因诽谤罪被判刑，他俩也是自 2013 年两高出台相关司法解释以来，首批获罪的网络造谣者。曾经在坊间引起巨大争议的"杨澜假捐事件""张海迪国籍问题""甬温铁路赔款""别针换别墅""干爹 888 万包机带我游奥运"等新闻全部都是不实信息，均出自网络推手的幕后操作。这样的新闻对于不知情的网民来说极具诱导性，百万次的浏览与评论，朋友圈、微博的分享转载更不计其数，其中很多谣言一时间成了网络热点。不尊重事实，肆意捏造，无事生非，造谣诽谤终引得锒铛入狱。

在公众心目中，我们常说眼见为实，真实存在或发生过的事情、现象就是事实。当然，由于精力有限、时间与空间等客观因素，我们借助间接手段，道听途说得到的情况也可算作事实。如果我们彼此不相信，借助权威的第三方，他们的论断也能帮助我们还原事实，事实胜于雄辩，对于事实，我们总有心悦诚服之感。尊重事实是解决问题最基本的保障，如果连事实都抹杀了，得出的结果一定不会准确。当然了，为了丰富我们的语言，夸张、比喻这些修辞手法是可以有的，前提是不能离开事实，做一分说三分还能理解，但如果背离了事实，避重就轻，甚至完全脱离事实，编故事一般，不仅要哄自己，还要去骗大众，这就说不过去了。

身在自媒体时代，人人手握麦克风，掌握话语权，一条微博不过几十字，一张照片不过几十K，一段视频不过几十秒，但只要上了网，意义可就不一样了。网络的快速传播和放大会给我们带来困扰。一事当前，先问事实，再作评论。今天的中国，批评很活跃，特别是互联网时代，网络跟帖、论坛微博，或长篇大论，或三言两语，甚至一句话、一个词、一个表情，都可以对大事小情发表意见。当面对公共事件时，甄别信息，谨慎出声，尤其是在"耳听未必为虚，眼见未必为实"的当下，弄清事实再评论才是正道。

《麦肯锡方法》里说到，不要被表面现象所迷惑，要尊重事实，就是告诉我们要在客观的真实的基础上建立结论，而不是主观假设，更不是去拼凑，事实自始至终都在那里，需要的是寻找、正视、捍卫和坚持。

面对复杂的世界，我们要静下心来，不要用想象去遮盖事实，从全面的角度分析，还原一个真实存在的你和一个清晰的世界，擦亮双眼，让我们用事实说话。

2015 年 1 月 4 日

对酒当歌

看过很多关于描写青春的文章,有初高中生的感慨,有大学毕业生的怀念,也有刚参加工作朋友对青春的总结,更有过了而立之年对青春的留念。青春,这个话题在不同年龄段被注入了缤纷的感情色彩,回看我这几年写的生日博文,有对青春的领悟、对父母的感恩、对岁月流逝的伤感。再优美的文字也无法替代塞缪尔·厄尔曼笔下的《青春》,那才是对青春最美的礼赞,今天写一篇关于酒的博文,写点男子汉生活中的物品。

中国是酒的故乡,也是酒文化的发源地,在中国数千年的文明发展史中,酒与文化的发展基本上是同步的。回看五千年的历史,就是一部与酒有关的历史。李白有"举杯邀明月"的雅兴,苏轼有"把酒问青天"的胸怀,欧阳修有"酒逢知己千杯少"的豪迈,曹操有"对酒当歌,人生几何"的苍凉,杜甫有"白日放歌须纵酒,青春作伴好还乡"的潇洒,还有汉高祖刘邦醉斩白蛇的传说、宋太祖赵匡胤杯酒释兵权的宽和,也有关羽温酒斩华雄的壮举、刘备曹操煮酒论英雄的智慧,酒扮演着重要的角色。

我喝酒是从大学四年级开始的,舍友挖掘了我的潜质,那时条件有限,三五元一瓶的白酒加上一盘拍黄瓜、一包花生米足以让我们兴奋。大家在工作室围坐,在酒精的促进下,海阔天空地神聊,猜拳行酒令,满屋子弥漫着劣质白酒的味道。

因为年轻,我们没有钱去买更好的酒;因为年轻,我们还没有意识到过量饮酒伤害身体;因为年轻,我们有足够的精力喝酒聊天到天亮。毕业前的聚餐少不了煽情的酒,我记不清在那段日子,喝了多少场酒、多少瓶酒,也想不起说了多少肝胆相照的话、留下多少动情的泪、规划了多么美好的蓝图,总之,酒把班里的一帮好兄弟聚集在一起,酒水与泪水成了毕业的协奏曲。十一年过去了,当初许下的诺言几乎没有兑现,很多同学都杳无音信,很多同学的 QQ 头像再也没有亮过,同学录的纸张已发黄,亲爱的同学,你们在哪里?我在这里举着酒杯等着你。

22 岁,我第一次离开家来到 1800 公里之外的天津求学,相较于本科生活的丰富,读研阶段无论学习还是交友都进入了闭关状态,我很难适应这座城市带给我的陌生感,每天往返于宿舍与教室之间,两小时的自行车路程让我心塞。在最难过的三年,除了书本,还是酒伴我度过。学院研究生一共 8 个人,4 名美术专业,4 名音乐专业,因为性格与年龄等问题,其中 5 个走得很近。闲暇时,我们 5 个就去小酒馆聊天,同屋的舍友也经常把我带到他姐姐家打牙祭,美食与酒是分不开的,有了酒与佳肴的陪伴,枯燥的生活里充满欢声笑语。研二,和同学一起去山东师姐家,准备转天爬泰山,结果盛情的接待让我第一次酩酊大醉,所有计划搁浅,直到现在,我都记忆犹新,原来《水浒传》里梁山好汉的酒量真不是凭空捏造。转瞬 2007 年研究生毕业,同学们天各一方,八年过去后,再无相聚,亲爱的同学,你们在哪里?我在这里举着酒杯恭候你。

25 岁,我留校工作,开始辅导员生涯,也第一次当上班主任。2007 级的同学走进我的生活,直到现在我仍然认为那是我付出心血最多的一届,144 名同学我都熟悉,因为专业特殊,复读同学不少,很多和我年龄相仿,有的甚至比我大。离学校很近的地方有一个火锅店,生意冷清,店主为了转变惨淡的经营状况推出很多促销活动,其中包括啤酒畅饮,这好像就是给我们准备的,所有聚会都选择在那家饭店。面对畅饮我退缩了,潜意识告诉我要保持清醒的头脑,我很欣慰的是,没有一人因为喝酒不按时回宿舍,没有一人因为喝酒惹是生非。是酒让我明白了自己的责任,更是酒后大家的表现让我有一万个理由相信他们的团结与凝聚。他们毕业已经5年,我和很多同学保持着密切的联系,他们也从老师变成叫我哥,逢年过节也要小聚,大家在各行各业拼搏努力,我在这里举着酒杯遥祝你。

29岁,响应国家号召,我选择去西部挂职锻炼,我挂职的地方是经济欠发达地区,那里民风淳朴,热情好客,还有就是大学里挖掘我酒量的舍友也在那里,我到后的第一件事就和新同事与老同学聚在酒桌上。初来乍到,不知深浅的我很快就在推杯换盏之间微醉,还好我保持着清晰的思维,没有让自己的窘态呈现在他人面前。不大的县城没有影院,没有体育馆,我的业余生活除了画画写字,就是和同事聊天喝酒,觥筹交错间听到了不同的声音。挂职时间将至,我举办了自己的画展,省、市、县三级领导的莅临,家人朋友们的到场,当地朋友的参观给了我很大动力。2012年初,告别奋斗一年的黄土地,临行前,还是为我接风的那些好朋友,从陌生到熟悉、从同事到哥们,不醉不归。

不能喝酒的人敢喝酒,这是一种豪爽,就像《天龙八部》里的段誉;能喝酒又敢喝酒的人,这是一种豪迈,就像乔峰,浑身的英雄气;不能喝酒又不敢喝酒的人要理解,就像虚竹,要守清规戒律。我们不能把自己的喜好强加于别人身上,更不能为满足自己的尽兴让他人难受。去评价一个人的酒量是否大,不是看能往肚里灌多少酒,而是酒后的表现,这称为酒品,张飞真性情又能喝酒,但也为此让吕布偷了徐州,最后因酒丢了性命。喝酒也要看天时地利人和,刚好那天心情好,酒友投脾气,自然能多酌几杯,否则,酒不醉人人自醉,酒入愁肠愁更愁。喝酒与酗酒在一字之间,品酒与闹酒也在一字之间,酒后无德者见得太多,无论是谁,领教一次足矣。酒后随性,忘乎所以,得意忘形,大话连篇,破口大骂者谓之粗俗酒鬼,我在这里举着酒杯鄙视你。

用李白的一首诗来结束这篇博文,"兰陵美酒郁金香,玉碗盛来琥珀光。但使主人能醉客,不知何处是他乡。"

2015年3月8日

定 位

　　一直想写点关于宿舍的文字,酝酿很久,又担心同学们拍砖,迟迟没有动笔,宿舍是大家在校园里的家,谁愿意他人指指点点呢?春天了,万物复苏,相信大家的心情都像季节一样逐渐变好,所以我决定从今天起写一系列关于宿舍的博文,口味不重,喜欢不喜欢的、中枪不中枪的,嘴下留情,如果你坚持看完有感而非跳起来砸电脑、骂街,说明你已经进入春天的节奏了。

　　今天写第一篇,关于宿舍的定位。什么是宿舍?我上网专门看了看,这么通俗易懂的词,百度百科用了上千字作解释,我觉得这一句最有用,"宿舍是机关、企业、学校等供职工、学员等住宿的房屋"。宿舍是集体居住的,而非个人,换句话说,这个不大的房间是6个人共同的家,需要大家一起经营和维护。

　　2000年我从西北师范大学开始了大学生活,宿舍4个人,房间布局和现在一样,上面床铺,下面写字台,人人都有一个相对独立的空间。那时家具的质量和样式绝对没有今天的好,但用四年是没问题的,比起我现在看到的划了面的桌子和瘸了腿的椅子,我们上学时是多么爱惜家具，质量再好也经不起"毁灭性的打击"。造成家具残损的原因很多，也许是质量问题，但我认为更多的是因为大家随意。谁都不会用笔直接在自己家桌子上写、把海报往白墙上贴，不会在墙上踩脚印，更不会随意拆卸。

宿舍面积在十五平方米左右，家具摆放是经过科学测量和全国上千所高校实践证明的，应该是最合理的。我上大学也和舍友DIY过，几次变换家具位置都不理想，折腾一身汗又搬回原样。我在检查宿舍卫生时见过大通铺的，不敢想象几个大男生晚上睡觉面对面、脚对脚近距离接触的情景。我见过网吧型改造的，但是睡觉，有同学的头会离另一个哥们的脚很近，刚好他踢完球又没洗脚，求心理阴影面积。我也见过创意型的，写字台搭上板改成床，床上再放个小课桌，不仅占空间，而且不安全。

很多同学说我已经向学校交钱了，宿舍就是我的，我想怎么折腾就怎么折腾。这话听起来没毛病，但要分两面看。我们买完房子后能拿到房产证，说明房子已经归你了，然后就开始装修，但之前要交一笔装修保证金，就算你买了房但有些还是不能改变，比如拆承重墙、改变房间内部构造、墙体外钻眼等，如果一意孤行，你看有没有人管，小品《装修》里让人啼笑皆非的剧情就是真实写照。

宿舍是集体的，是大家的，是我们的，是便宜的，等毕业后就会发现，再也找不到1200块钱住一年、水费暖气费全免的地方了。

2013年3月22日

礼 貌

关于徐峥的一条消息走红，泰国首位女总理英拉为感谢徐峥为泰国旅游业所作的贡献接见了他，不过相比英拉的正装套裙，衬衫休闲裤打扮的徐峥遭遇不少争议。

我觉得真没必要小题大做，一次简单的会面并不是正式会晤，自然轻松效果更好，何况徐导也并没有忘乎所以地乱讲，语言上的礼仪比着装更体现素质与内涵，比起那些一身名牌、穿着光鲜但态度傲慢或者出言不逊的人，我觉得徐导很有礼貌了。

今天写宿舍礼貌，我遇见过也经历过，住过宿舍也查过宿舍，当过学生做过老师，对于宿舍礼貌问题还是比较有发言权的，同样，口味不重，看完更别对号入座。

先说何为"礼貌"。《孟子·告子下》："礼貌未衰，言弗行也，则去之。"赵岐注："礼者，接之以礼也；貌者，颜色和顺，有乐贤之容。"百度百科里这样定义："是指人与人之间和谐相处的意念和行为，是言谈举止对别人尊重与友好的体现。"礼貌是最起码的尊重。我去过宿舍，也陪同事们去过，还好我和同学走得比较近，大家多少给了我点面子，基本上都能起身打个招呼，关系熟悉的寒暄几句，夏天转宿舍也有同学给瓶水，除非是玩游戏太过着迷或不能延误战机的，虽不能起身也都嘻笑地说声"老师好"，几年下来还真没有因为检查宿舍生过气。

上学时，楼管大爷很喜欢来我们屋，大爷说我们很有礼貌。毕业临走那天，大爷专门来宿舍送了我们一箱啤酒，我们并没有刻意做什么，只是进楼时喊了一声"大爷好"，或者他来宿舍检查卫生，大家起身站了一分钟，同学们往往忽视了这些微不足道的动作，但对于他人来说，这就是一种尊重。

暂且不说来查宿舍的人是什么身份，就是从一楼走到六楼，这种付出也值得尊重，我粗算了下，要完成两栋楼300多间宿舍的检查，每间宿舍一分钟，走完也要一上午。我们不一定非要对检查者礼貌，但至少应该对这份劳动产生敬意。检查宿舍的人里有我这个年龄段的，还有很多我们的师长，年龄和父辈差不多，也就是不到一分钟的起身，也就是三个字，但给对方的感觉很温馨，俗话说："良言一句三冬暖，恶语伤人六月寒。"礼貌用语就属于良言，你的一声"老师好"会让宿舍等级提升一个档次。

社会文明不断进步，但对于集体生活，我个人认为男女还是不适合互访，天气慢慢转热，身上的衣服越来越少，男女有别，很不方便。另外我觉得，集体生活，再热也不要暴露自己，别说赤身在楼道里晃悠是不礼貌行为，自媒体时代，同学们也要注意保护隐私。

中国有"君子不失色于人，不失口于人"的古训，意思是说，有道德的人待人应该彬彬有礼，不能态度粗暴，也不能出言不逊。礼貌待人是我们中华民族的优良传统。同学们，宿舍文化，就从"你好"开始吧！

2015 年 3 月 23 日

防 火

写关于宿舍的文章是酝酿很久的事情，只是想结合自己的经历随便聊聊，第一篇就提到了文字口味不重，不针对任何人，只说现象。

过去的一个月天津发生了三起大火，一场比一场大，天干物燥，一个烟头或者一个火星都能引起火灾。在学校，人口密度大，同学们的防火意识又不强，宿舍成了防火的重点，无论是违禁电器还是吸烟都是围剿的对象。上大学被人查，工作之后查别人，我对查宿舍也有逆反心理，也不止一次听大家抱怨，觉得学校小题大做。闲暇无事上网看了看资料，惊出一身冷汗。

首先我明确一点，宿舍禁用违禁电器和吸烟绝不是一两所学校所为，全国上千所高校都把这一条明确写进了《学生守则》，这条看似不讲情面又不合理的条文牢牢占据着重要位置，存在就一定有它的合理性，如果从网上去看看近年来高校宿舍发生火灾的案例，就会理解学校的初衷。

是没有进行消防教育吗？从新生大一进校后的系列入学教育开始，学校、学院、班级就开始了三个层级的宣传,专门请来消防官兵、公安民警,再加上学校老师,多管齐下,用鲜活的案例、直观的数字向大家强调防火的重要性,那时大家在做什么?要么低头玩手机,要么思想抛锚,真正听进去的有几个?宿舍门上贴的安全须知被送餐电话覆盖,班会上强调的注意事项无人理会,老师们写的温馨提示无人问津。有时候我也想这是为何,非要等出了事故后才追悔莫及,究其原因还是不够重视。

是没有做好日常培训吗?在我印象中,光是校地联合组织的大规模消防安全演练就有N次,有的同学参与其中,有的组织观摩,大家更多的是把演习当成娱乐,看看热闹,并没有全身心投入其中,熟记各个环节。学校组织部分同学使用灭火器材演练,喷雾一出,欢笑声语,灾难面前哪有欢乐?楼道里的消防设施遭到破坏,维修好不久,玻璃又碎了,消防栓里塞满垃圾,试想如果哪天发生火情,却因为灭火器无法正常使用,不能及时扑灭导致更大的灾难,谁来承担事故责任呢?

是没有做好督促检查吗?对校园内安全隐患的排查一直就没停过,全国每一所高校都在坚定不移地执行,不是老师吃饱了撑的折腾同学,而是安全问题无小事,肩上的责任重大。宿舍内不让使用违禁电器,不让私搭乱建,不让吸烟,教学区严格控制危化用品使用等等,这些大家觉的小事往往就是大事。同学们所处的和谐校园、平安校园,背后是几万师生共同努力的结果,趋吉避凶、防火减灾、增强消防意识,这些是现代人居安思危的必修课,"预防为主、防消结合",火灾发生时能正确应对,方能保护生命财产安全。

说了这么多,目的只有一个,让大家增强意识,校园中还存在个别不良现象。校园安全任重道远,我们要正视,要整改,习大大说"不回避矛盾,不掩盖问题",这是对问题应有的态度,增强意识是认识能力提升的表现,能直面问题畅所欲言更是社会的进步。

2015 年 3 月 26 日

防 盗

最近我关于宿舍的日志有点应景,刚写了三篇,学校就请来了公安、消防、交通三家单位为师生作安全教育讲座。安全之所以被忽视,是因为人们只有在面临或看到危险时才有安全意识,而一旦回归平常就放松警惕,习惯"好了伤疤忘了疼"。

上周三中午,学校保卫处接到三起手机被盗的报警,就在掀门帘的一瞬间,小偷下手了,速度之快让我不得不"佩服"。校园面积大且开放,大学生自我保护意识不足,经常见到同学把包往座椅上一放就去打饭,电脑、钱包等贵重物品在桌上放着,宿舍没人,把手机放在篮球场边上就去玩了,这些都给了小偷可乘之机。

丢东西的时间大多集中在临近放假或刚开学时,地点多在公交站、地铁或者商场。丢东西后的懊恼、补办证件的麻烦,无论平时怎么强调,都没有引起重视,只有吃一次亏才能吸取教训。

高校扩招,个别有不良习惯的人也进入大学,经历过几起"家贼"事件,涉及单反相机、金银细软、电脑及日常生活用品。其实偷盗者并不在乎价格贵贱,是心理障碍,有不劳而获的心理满足感。

不要随意露富,聊天不要把自己的财力都抖出来,有意炫耀也好,粗心大意也罢,难免会遭到一些"有心人"的惦记,低调一点是王道。现金够花就行,卡也只放一两张,除去必需的消费金额外,其余都存到银行,密码不要告诉任何人,也不要只用自己的生日或者123456。

太贵重的物品能不带到宿舍的就不要带来,若是带来就一定要妥善保管存放,尤其是放假前请寄存在同学家。平时宿舍没人,把东西锁起来,钥匙随身携带,养成随手关门的习惯,哪怕只是去卫生间也不要麻痹大意,这样做可能有些麻烦,但绝对好过因疏忽损失财物。

住在低楼层的同学要注意,晚上睡觉前及外出时,要把窗户关好,扣上窗栓,防止窃贼从窗户爬进来。即使有防盗窗也不要大意,临窗的桌子上不能放贵重物品,只需要一个钩子就能轻易地将物品偷走。

拒绝一切推销,不管是生活用品,还是什么培训班,不要被花言巧语蒙骗,流窜宿舍的往往都是坑,对陌生人多问几句,心虚的人是不敢多逗留的。

不要带不知底细的所谓老乡或是刚认识不久的"好朋友"回寝室,更不要留外人住宿,以免引狼入室,平白给自己或室友带来损失。

在生活中,面对有可能对自己或他人造成伤害的外在环境,要有一种戒备和警觉的心理。安全是所有工作的基础,老师们通过各种渠道去普及安全知识,防骗、防盗、传销、邪教、交通等等,碎碎念的背后是对同学的关切,希望大家明白如此强调安全到底是为了谁。

2015 年 3 月 31 日

防 病

学生患上传染病被送到医院,这家医院在"非典"时期被指定为治疗点,大晚上我赶到"疫区",由于他咳血严重,身边不能离开人,我戴着厚厚的口罩守了一夜,看着病床上瘦弱的同学,除了心疼,发现身体素质是那么重要。

这两天还有一件大事,"禽流感"北上了,北京发现 2 例,全国 61 例。春季是呼吸道传染病的高发季节,学校是人群高密集场所,学生交流互动频繁,宿舍人多,再加上有些同学不注意个人卫生,给病菌留下了很大的生存空间。

春季呼吸道传染病很容易在学校出现和蔓延,传染病的发生不但严重危及学生健康,还会给正常的教学秩序带来影响,因此做好传染病的预防和控制,特别是做好宿舍等公共场所的卫生十分重要。

灰尘是传播的帮凶,呼吸道传染病人的鼻涕、痰液中含有大量病菌,由于随地吐痰或乱擤鼻涕,这些痰、涕干燥后夹在里面的病菌就会随灰尘到处飞扬,一旦被人吸入就会感染。手是另一帮凶,当病人拿了书本、工具后,物体表面就会留下病菌,健康人用手接触了也会沾染上,勤洗手能有效预防。同学之间互相关心,一旦发现有同学生病,要马上报告学校,及早采取隔离治疗措施,同时不要参加任何集体活动,减少被传染的机会。

校园吸烟屡禁不止,他们难道不知道吸烟有害健康吗?肯定知道。那些因吸烟导致器官衰竭的"惊悚"照片不让人害怕吗?肯定害怕。但知道了、害怕了为什么还戒不了?这可说来话长,烟草本身的毒素容易让人上瘾,产生依赖,具体有哪些损害,网上比我说得权威全面。我认为比生理依赖更严重的是心理依赖,戒烟一段时间又反复的不在少数,吸烟短暂兴奋后是压抑,对神经的刺激会让人的注意力下降,烟草依赖是一种慢性疾病,所以说烟不是个好东西。

除了学习,一定要加强体育锻炼,不要整天宅在宿舍或图书馆,走到室外,多运动,晒晒太阳,增强体质。养成良好的个人卫生习惯,不要混用其他同学的生活用品,也不要混穿衣服,饭前便后洗手,勤洗内衣裤,勤晒被褥。搞好宿舍环境卫生,建立宿舍值日制度,勤扫、勤擦洗,用品摆放整齐有序,寝室时常通风,让空气流通起来。

充足的睡眠是健康的前提,人一生中有三分之一的时间是在睡眠中度过,睡眠对于人缓解疲劳、恢复体力、放松精神、调节状态起着至关重要的作用。常听同学说"睡个美容觉",事实上,睡眠好坏不仅关乎颜值,还影响大脑思维、人体的生长发育及免疫力,通宵玩游戏是一种陋习,严重影响健康,要引起我们的重视。

如今人们的健康意识提高,"拥有健康才能拥有一切"的理念深入人心,趁着年轻,多锻炼身体。

2013 年 4 月 15 日

反 思

　　这几天一直关注复旦大学研究生投毒案，4 月 16 日下午，复旦大学的官方微博头像由原来的红色黯淡成黑白，这所知名的高等学府以这样的方式沉痛悼念优秀学子的离去，当天下午 3 点 23 分，黄洋终因多脏器衰竭离世。

　　我在网上看了一篇报道，《黄洋生命中的最后 15 天》，从 4 月 1 日早上喝了一杯有毒的水到离开人世，半个月时间夺去一个鲜活的生命。年轻优秀的医学硕士，原本可以继续深造，感受医学的魅力，继续实现梦想；原本可以承担家庭的责任，用努力去报答年迈的父母；原本还可以继续西部支教，用爱去温暖幼小心灵，然而，却因为另一颗年轻黑暗的心，终止他灿烂的年华。

　　关于黄洋的报道很多，我看了他的简历，被他的拼搏、刻苦折服。他来自普通县城，上高中时，父母双双下岗，从接到本科录取通知书时，就下定决心，"从此，我要自己养活自己，而且还要把学业完成好。"进入大学后，黄洋妈妈肝脏做过大型手术，医疗费、药费等基本上全部是他用奖学金和勤工俭学的收入来偿还的。在他大学和研究生阶段,所有费用全部是自己挣的,从未用过家里的钱。

黄洋的死因是舍友投毒,也可以说是舍友的妒忌。为何一个多次获得奖学金,成绩优异的人在毫无征兆的情况下投毒杀人?究竟是什么样的仇恨,使投毒者的内心燃烧起如此复仇的火焰,猛烈到必须以毁灭他人生命来平复?有人说是竞争压力,有人说是误杀,不管是怎样的动机,都让人震惊。"战友之情,同窗之谊"这种感情是最真挚的,校园惨案让人深思,并不完全是功名利禄在作祟,也不要过多地去寻找社会深层问题,不能正视自己才是我们的大敌。

1997 年 5 月,北京大学学生王晓龙因宿舍矛盾,向两名同学投毒;2007 年 6 月,中国矿业大学学生常宇庆因对三名同学心怀不满,产生报复之心,购买了硝酸铊,趁同学上课之机,分别向杯中各注入 2 毫升,导致三名学生铊中毒;2004 年,云南大学马加爵因打牌与舍友发生争执,杀死四名同学。这一颗颗漠视生命的心灵,震惊社会。

网上说学化学的同学伤不起。学化学的网友惊惧,那么多可以置人于死地的有毒化合物伸手可触,岂不是处处充满危机?令人恐怖的不是有毒物质,而是人心。网上疯传这样一个帖子:"云大马加爵锤死舍友、复旦舍友投毒……此刻我只想感谢我的舍友,给了我一次活下去的机会!"

"本是同根生,相煎何太急",复旦教授在得知事件发生后愤而写下该诗句,从小到大,我们一直强调努力学习,考上名校,追求高分、高薪,却放松了心理调适。做学问,先学做人,心智健全的人对社会的贡献远远大于学历高但心肠歹毒的人。

高校是象牙塔,社会中纯洁的一片净土,宿舍是我们在校园里的家,舍友即家人,一些琐碎问题需要沟通,后退一步,什么都能解决。没有过不去的坎,没有翻不过的山,希望这样的事情远离校园。

2013 年 4 月 18 日

防 骗

　　有时事情发生就是巧合,在写第一篇关于宿舍博文的时候,就想写关于防骗的,可一忙,再加上大学投毒案的影响,我改变了原有的思路与计划,临时加了关于宿舍关系的文章。可在昨天下午,又一位女同学遭遇网络诈骗,8000 元打了水漂,她哭着来办公室找我,看她伤心难过的样子,我有点后悔没早点写这篇文章了。

　　以前我一直以为骗子就那点手段,无非中奖或者假冒朋友遇上困难需要借钱,只要提高警惕就不可能上当。我的手机和 QQ 不止一次接到各类诈骗信息,身边发生被骗的事件几乎涵盖了所有类型,可以写成一本教科书,这篇博文算是提纲吧。

　　手机诈骗最常见,这种诈骗方式主要欺骗家长。我经常接到学生家长电话说孩子在学校生病或突发变故,要么是报学习班或者学校收费,电话也联系不上,"老师"让往卡里打钱。家长得到消息后一般都非常着急,想都不想就去汇款,等冷静下来越琢磨越不对,发觉自己上当时,钱早已不知去向。我不止一次和同学们说把我的电话号码告诉父母,再遇到类似情况先打电话。这样的骗术很容易预防,手机号码不要常换,个人及家庭信息要保密,把自己关系好的同学、老师的电话多给家里留一两个,经常和家里联络,让骗子无缝可钻。

网络诈骗也是大学生最容易上当的,QQ好友借钱帮忙充话费、充游戏点卡,或者中奖,以前都是特等奖和一等奖,现在改成二等奖,增加了可信度。有同学真的以为自己撞上"狗屎运",一次次地给骗子打所得税或保证金,最后人去楼空。诈骗集团多数在海外,赃款很难追回。骗子们用木马软件录制好友视频,你以为是在和朋友视频聊天,其实是录像。多长个心眼,如果是借钱的,打电话求证下;如果是视频,让他给你招招手或者扮个鬼脸。

兼职是另一种常见的诈骗方式。同学们创业的想法值得肯定,但社会经验不足,个别新生进校后做起了某某商品代理,最多的是化妆品、文具,骗子们以"利差"做诱饵让学生购买商品推销。而这些商品都是假冒伪劣产品,根本卖不出去。服装表演专业的同学,"兼职模特"的噱头也需要防范,骗子们以拍广告、拍影视剧的名义让交纳中介费、形象设计费等各种费用,当发现被骗后,追讨无果。还有兼职做手工,录文字,做编织、十字绣,发传单等,劳动没有换来应得的报酬。找兼职要通过正规中介,及时关注学校发布的勤工助学信息,记得签协议,还没挣钱就要先交钱的兼职基本不靠谱,如果遇到了人身威胁直接打110。

传销陷阱防不胜防,人们深恶痛绝。不得不佩服那些人洗脑的本事,几次课就能构建一个白金帝国,同学们深信不疑,不知不觉陷入其中。有的是实物传销;有的用概念传销做噱头,如创业加盟;有的直接用钱传销,共同点都是利用亲情、友情实施诈骗。针对大学生的传销在形式上进行了包装,诱饵尽可能符合大学生口味,先将人骗进去,限制自由,然后威胁、利诱,直到套出钱为止。每年寒暑假是被骗传销的旺季,同学聚会、朋友聚餐都易下套,钱如果真如他们所讲的那么好赚,还能告诉你吗?

银行卡诈骗屡见不鲜。陌生电话告诉你涉嫌洗钱,或者你邮寄的包裹里有毒品,银行卡要冻结,需要把钱转到公安人员卡里。同学一听就懵了,毫不犹豫去转账。要记住,任何执法机关都不会让你转账,就是需要协助调查也是来人找到你出具相关证明后才开始工作,更何况身正不怕影子斜。还有一个现象需注意,骗子利用电子产品小额消费担保贷款政策实施诈骗,无良商户勾结贷款担保公司个别业务员,以 100 元或 200 元兼职费做诱饵,引诱学生署名担保,他们用这些学生签名的文书套取银行贷款,几个月之后,签字学生开始被催讨贷款本息。

在学校里不止一次遇见两位步履蹒跚的老人,年龄 60 岁左右,他们见到学生就拦住,说来看亲戚,钱被偷,几天没吃饭了,看能不能接济一点,买个车票回家。我几乎隔几天就能见到他们,最后在学校保卫处的调查下,发现他们也是骗子,一天轻松地要到两千多。在被清理出校园时,打车扬长而去。骗子利用大学生的爱心与同情心,以"乞讨""被偷被抢""寻亲不遇""遭遇事故"等借口要钱要物。

有些情况并不是骗子多高明,而是我们粗心大意,比如自己网购的东西不去取,打个电话找人代取,结果是人没见,东西也没了;再比如参加一些免费的用户体验或者产品试用,被骗取钱财等。

骗子不会因为我们是学生就发善心,只有擦亮双眼,提高警惕才是正道。

2013 年 4 月 24 日

再谈防骗

  全国辅导员博客大赛,小伙伴们给予我莫大的支持与鼓励,学校人气、博客人气、博文人气三项排行榜牢牢占据天津市第一名。值得一提的是,我有五篇博文入选复评,《宿舍夜话》系列博文里防骗、防病两篇入围,我很欣慰也很开心,不仅因为名列前茅,更高兴的是能有这么多同学来看,普及一些生活知识让同学受益,这才是最终目的。《防骗》即将突破2000票,年关将至,各类"害虫"出动,结合最近学生中发生的一些新情况再谈防骗。

  "双十一"是网购大军的盛宴,很多同学都为淘宝300亿的新纪录贡献力量,当然骗子也瞄准了一年一度的大活动。先说发生在我身上的事情,"双十一"过后两天我接到一条短信,内容是一个链接,说我拍的一件物品没货,需要上网退款。作为资深网络选手,这种小儿科的伎俩我是不会上当的。点击后会出现一个钓鱼网站,需要输入账号密码,急于退货的心理会让你毫不犹豫地按照骗子设计好的步骤一步步"退款"。这是最为常见的网购木马,这类木马的作案流程基本一致,即在交易过程中,买家执行对方发过来的文件,在继续交易时,木马会创建一个隐藏的交易单,交易单会抢在正常交易单之前被提交,买家完全看不到交易信息被篡改,会直接将货款打到骗子的指定账号。

一元抢一部手机,一元抢一瓶名酒,广告确实有震撼力,"秒杀"成为流行词。网购秒杀器是近年来新出现的一种自动下单软件,1分钟内发送上百次订购请求,远远胜过人工下单速度。一些急于网购的同学在不了解情况的前提下,随意在网上搜寻类似软件,这类软件很多都含有木马,一旦运行,个人信息被盗和钱财瞬间被刷光的情况极有可能出现。

还是"双十一",有同学告诉我市面上3000元的手机,一家网站卖498元,还送一大堆数码产品,我告诉他肯定是遇到骗子了,就算是再搞促销,也不会出现赔本赚吆喝的商家。同学告诉我是港行,我说:"就算是伊拉克水货、阿富汗水货,也不可能有这价。"打去电话咨询,商家告诉我们,为节省成本,不通过支付宝收取服务费,直接汇款,我断定这是骗子,炫目的网页后是骗子贪婪的眼神。还有商家以"走私货""海关查没品"的名义打出超低价,以此招揽消费者。

前些日子,有同学想买一个二手手机,不料被骗去2000元。他在网上看到有人转卖,便和卖家联系。两人谈妥2000元成交,随后卖家发来一个链接,他点开后在网页上付款,可一个多星期,迟迟没能等来手机。在不断催促下,终于到货,结果是一个模具。网购一定要去正规网站,贪图便宜只能损失更大,价钱低得连你自己都觉得不可思议,还能信吗?

晚上11点,我接到学生电话,生活费被骗了,过程大概是她和同学QQ视频聊天,对方说是"银行卡掉了,朋友还我钱,我先让他转给你",然后又询问她的银行卡是否开通了短信提醒,将能收到信息的手机号码发过去。同学想反正不涉及密码,无所谓。对方又说"先转500元去你那儿试试看,你手机会收到验证码,要把这个验证码报过去才能汇款成功"。果不其然,很快就收到短信,她把验证码报给对方,结果卡上的钱被全部转走,QQ视频诈骗不新鲜了,有一个办法,简单粗暴但行之有效,"别提钱,提钱伤感情"。

听学生干部说他扫了一个二维码,手机便出现异常,我提醒他赶紧刷机并改掉密码。很多木马程序隐藏在二维码里,一旦扫后,木马植入手机,你在下次使用手机处理财务时,信息会被盗走,造成财产损失,这样的案例在网上数不胜数。

最近我至少听到了三个同学问询,说学院在哈佛大学有个交流生的项目,要交首批培训费20000元,因为报名的人多,所以着急付钱,更严重的是已经有同学跟家里说了,父母按捺不住激动的心情,开始转账。之前其他学院出现过这种情况,学生上午告诉父母培训费8000元,母亲就打了,但骗子不甘心,下午3点的时候又发去信息,说通过了面试,要交10万元保证金,母亲又打去10万。学院交流项目确实有,但一定会通过班主任传达。

说了这么多,只是想提醒同学们,要学会在多变的环境里明辨信息真伪,拿不准的事情多问问老师。在你纠结的时刻,辅导员的冷静就是定海神针,擦亮眼睛,防骗。

2013 年 12 月 23 日

CHAPTER 7
第七章
生活点滴

我

本周五学校准备给所有辅导员进行团体辅导,给大家忙碌疲惫的心放一个短暂的假,之前让每人以《我》为题写一篇 1000 字的文章赞美自己。

实在不知该怎么写自己。赞美之词用太多是浮夸,会引起大家心理不适;中性之词写太多不痛不痒,不能引起足够重视;自我贬低不是我的风格,不管别人眼里的我是什么样,自己不能看轻自己,在双鱼的世界里,实事求是等于赞美自己。

我属狗,没过年的时候 30 岁,长得不丑但也不算帅,不至于出门影响市容,也不会引起围观,蹉跎岁月中练就一身生存的技能。虽能闯荡,但也居家,因为遗传了母亲擅长烹饪的基因,我烧得一手好菜,每到周末,都会有一大帮朋友或学生来家里分享美食。最幸福的事不过几个志同道合的朋友品着佳肴、聊着闲篇儿,虽然在天津子身一人,但很少感到孤独,没女朋友的日子里有一大帮兄弟陪伴。

我来自大西北,性格是西北人的豪爽与大方,有时候有点不拘小节,说话办事比较随意。这种性格有得有失,幸好前进的道路上得到家人的鼓励、领导的肯定、同事的支持、朋友的包容,才有今天的我,不过我并没有迷失方向,多年来在受教育下强化了明辨是非的能力,绝对干不出"坑爹"的事情。

我学习中国画,是一个喜欢安静的人,但又惧怕孤独,有点矛盾。喜欢联想,喜欢浪漫,喜欢一切美好的事物,经常在自己的思维里构建宏伟蓝图,描绘情感曲线,不知这种忧郁、矛盾、幻想是不是成为艺术家的精神条件。

我有点轻微"强迫症",比如一套书里只有一本我能用上,但我会把全套都买下来;不管玩什么游戏,必须打到最高分,最明显的是小游戏《保卫萝卜》,看到一个个金萝卜的标志,心里很满足;只要是我喜欢的东西,能力范围内的我一定会买回来,所以我家到处都摆放着小物件。

在父亲的影响下,我的爱好很杂也很穿越。比如,我收藏了3000年前的彩陶,喜欢形态各异的石头,也收藏了上万张电话卡和名胜古迹的门票,其中有很多门票比我岁数还大。买了很多变形金刚和乐高积木,作为一个车迷和军迷,价格不菲的模型也是我的猎取之物。不过我发现,自己收藏的东西越来越多,总是入不敷出,还有就是做卫生是件非常麻烦的事情。

我是个正义感很强的人,佩服鲁迅先生以笔为刀的大智慧,所以经常写博文,当然了,我并不具备网络写手的潜能,也不靠挖掘八卦发迹,更不想让自己的博客成为泄愤的场所,所以我的博文只写工作,不过我觉得自己的文章越来越没味道了。工作中我还是严谨细致的,自认为比较有思路,思维有时呈跳跃状,但也能给单调枯燥的工作带来新鲜创意。我并不是全面手,个人喜好有时掺杂在工作中,比如感兴趣的工作我会更关注,超额完成任务;如果没有兴趣,也就保质保量吧。

我妈经常说把我生在3月8日是一个错误,要是5月4日就好了,那样可能早结婚了。其实缘分的事情谁也说不清,都说幸福来敲门,但我经常不在家;都说下一站是幸福,有可能我坐过了站。我跟我妈说"再不疯狂我就老了",我妈告诉我"你再不老,我就疯狂了"。

2013年5月22日

人与美

今天一直在画画，美术带给我的除了收入，更多的是陶冶情操。我很庆幸自己选择了美术，更庆幸自己现在还能从事美术工作，有时间、精力和条件来继续美的创作。

联想起白天和学生关于美的讨论，想写点文字谈谈美，首先声明这并不是写论文，而是把我长期以来对美的理解整理出来，没有高深的见解，也不知道能写多少，就按脑海里的框架表述吧。

世界上美的事物纷繁复杂，无论是自然风景、英雄美女还是文艺活动、艺术作品，都能够给我们带来美感。从千差万别美的事物中，找出它们的共同点，说明美的本质，并不容易，不过可以先作一下比较，在这众多美的事物中，究竟最美的是什么。肯定是人。谈美，必须要从人谈起，因为美是一种价值，而价值属于经济范畴，无论是使用还是交换，都离不开人，我们就从人开始美的发现。

马克思主义哲学认为人不仅是"认识主体"，而且是"存在主体"；康德提出"让人知道自己本来的样子"；苏格拉底"认识你自己"的命题流传于后世；柏格森说人类有一个"自我创造自我"的任务；格伦说人的工作就是"完成自己的创造"；希腊人把"懂得你自己"看作人的最高智慧等，人最难认识的就是自己，但又必须认识自己。

人，不仅仅只有物质和肉体，还有意识、情感、意志、思维，有自己的理想、抱负。人类在认识世界、改造世界的同时也要研究怎样完善自我、丰富自我。人类学告诉我们，人不是自来完善的。

马克思在《1844 年经济学—哲学手稿》等著作中，对人类发展这一现象，作了多次阐述，在他看来，人是自然界的一部分，因此人在人化自然的同时，也在不断地人化自身，使之全面发展。人是以"半成品"形态来到人间的，在脱离动物界之后，即开始了从"生物的人"向"现实的人"，再向"完全的人"的发展，最终成为全面发展的"大写的人"。马克思强调这是一门关于人的科学，核心思想是"解放全人类"，不仅仅在物质上，而且在精神上。

美学的中心任务就是对人的生存及其活动的思考，以诱导人类把握自身、实现自身、关照自身为己任，离开对人的存在活动的探索、灵魂和品格的理想建构的追求，美学将化为乌有。美为人而存在，而不是人为美而存在，离开人，美学就失去了存在的意义和价值，这就是美学的灵魂。

人作为社会的主体，是美的发现者，也是创造者，而人本身也有自己的美，一般来说，人的美分为美貌与美德两部分，美貌是外在的美，美德是内在的美。美貌包括外表、身材、气质、风度，美德则包含内涵、修养、才智与品德等，两者相比较，美德更为重要一点。一个人纵然有令人羡慕的外表，但是没有美德，也不会得到社会的认可。若相貌平平，但情操高尚，也能赢得尊重。美貌是形式，美德是内容，这二者也有相对的独立性，美貌会立即被认可，但美德则需长时间接触才能发觉；美貌是天生的、自然的，美德是后天培养的。

强调注重培养美德，并不是忽视外表。荷马史诗《伊利亚特》记录的故事值得回味。天后赫拉、智慧女神雅典娜和爱神维纳斯为了得到上面刻有"属于最美者"的金苹果发生争执，她们都自以为是最美丽的女神，主神宙斯让她们到人间去请特洛伊王子帕里斯评判。三位女神都答应给帕里斯以最大的报酬,赫拉许诺使他成为亚细亚国王,雅典娜答应他成为最大的英雄,维纳斯则许他成为人间最美丽女人的丈夫。在这三种价值中,又是美占了上风,帕里斯接受了维纳斯的许诺把金苹果判给了她,结果他便得到了希腊斯巴达王后,美丽的海伦。帕里斯的选择说明什么?那就是,国王和英雄,也抵不上一位美女。

故事还没有完。为了夺回海伦,希腊各地的王者联合出兵特洛伊。残酷的战争进行了九年,特洛伊的少壮男子差不多都捐躯了,年迈的长老站在城墙上,看着战死的子孙,不由地诅咒起引起战争的海伦来。这时,海伦从城墙的另一头出现,长老们惊呆了,再也没有责怪海伦,也没有责怪为了一个女人而经年奋战,血洒杀场的特洛伊人和阿开亚人。在他们看来,为一个绝色佳人浴血奋战是值得的。周幽王烽火戏诸侯,只为博红颜一笑。越王勾践利用西施的美貌最终灭了吴。

特别不想把随笔写成论文,结果又成这种风格,先聊到这里,等有时间,继续谈美。

2014 年 5 月 10 日

自然与美

　　我是一个热爱旅游的人,每年暑假都会奔走祖国各地,去享受大自然的赐予。我热爱大自然,在选择专业方向时,毫不犹豫地选了中国画山水,毕业论文也是从中国古典山水画出发阐述审美情趣,大自然带来的是人类无法创造出的美。

　　早在人类出现之前,地球上就有了动植物,生命的出现标志着自然界有了美。自然界正是按照美的法则,创造了生命,创造了人类,生命又为自然界增光添彩,使之日益美好。应该说,在生命出现之前,自然界已经具备了美的性质,但人类出现后,才发现、丰富、改善了它的美。因此人类不但要研究赖以生存的宇宙自然,更要研究自身,在自然中所处的地位和扮演的角色。

　　劳动的创造体现了人的思维和力量,体现了生命所发挥的作用,这是美的延伸或物化。大自然为生命的诞生和进化、人类的出现和发展提供了物质条件。德国著名哲学家兰德曼在《哲学与人类》一书中说:"自然只使人走完了一半,另外的一半尚待人自己去完成。"自然美的根源在于它诞生了生命,使生物进化为人类。生命现象是进化的,美也是在不断发展的,世界正日益变得丰富多彩。

美丽的风景不仅能满足视觉享受,更能涤荡心灵。良辰美景、高山流水、断桥夕阳、蓝天白云,很容易让我们产生联想,并有人生的感悟。看到出生的太阳,仿佛看到美好生活的开始;无垠的大海象征着博爱的胸怀;潺潺的小溪能平和焦躁的心态;广袤的草原能放飞我们的理想。

苏东坡看到明月,想到人生的悲欢离合。林黛玉看到落花,痛惜红消香断、生命消逝。郑板桥借竹子表现个人修养及对当时社会的态度。自然带给人类的是从感官的快适到心灵的启迪,最终达到人生体验。自然中凡是能够体现生命价值的形象和境界,必然是美的。

自然,早就被艺术家借鉴来映照人生,而它本身也因此获得人性化的处理。在传统艺术中,自然万物也只有和人生价值相联系才具有审美意义,在艺术实践中,艺术家则把自然看成人生底蕴的一种借鉴。英国浪漫主义诗人华兹华斯写过这样一段话:"我学会如何看待自然,不再像没有头脑的青年一样。我经常听到那平静而悲伤的人生音乐,它并不激越,也不豪放,但却具有纯化和征服灵魂的浩大力量。"

马修在《人与自然》中提出了个假设,"人类是自然和谐最大的破坏者"。约在同一时期,缪尔在《大西洋月刊》上撰文,用同样的观点来推进对野地的保护,他说:"没有自然的景观是丑的,只要它们是野生的……但是陆地表面的美正在飞快地消逝。"如果人类没有认识到自然对于生存的重要性,盲目地高估较之其他物种的优越性,忽略了保护自然的艰巨性,必将带来不可弥补的损失。

如今提倡保护环境,强调生态平衡,本质上讲就是保护人类自身的生命。一旦环境严重污染,生态失去平衡,生物和人类将面临严重的威胁,生命如果不能延续,美也将随生命一起消逝。当然,今天环境保护的概念已经发生了实质性的变化,从着重对环境的污染治理已经转向了对原始自然的保护。

人总是隔着面纱去看自然,所以自然在进入人的世界时就已经变得不那么自然了,如果我们将美视为事物的本然存在样态,自然就不仅仅是美的,并具有了一种像艺术作品一样的审美冲击力。人,不仅是社会美的中心,也是自然美的核心,美与生命同在,美的发展是生命进化和人类完善的历程。

自然和社会中的美是客观存在的,没有存在,人产生不了美感,更发展不了美感,也没有基础从事艺术创作。艺术中的美是人的主观意识对客观现实的反映,来源于现实而又高于现实,唯其如此,才能促进美和美感的发展。

美来源于自然,也要反馈于自然,保护环境,拒绝杀戮,不再是口号,而是要用实际行动来报答自然带给我们的美。

2014 年 5 月 12 日

艺术与美

艺术中的美是人的主观意识对客观现实的反映,来源于现实而又高于现实,唯其如此,才能逐渐促进美和美感的发展。

自然中的美要受到时间和空间的制约。钱塘浪潮、昙花一现、巴山夜雨、阳春三月,并不是随时随地就能见到的,但是艺术却可以使之永久化。有些观赏动物或者植物,必须置于笼中或栽于盆中,受到客观因素限制,艺术却可以突破这些局限,使之再现于眼前。生活中的美,常常是分散的,不易窥见全貌,或者司空见惯,容易忽视,艺术却使形象集中而鲜明,使人感受到它强烈的魅力。

余秋雨对艺术有一个新的定义:艺术,是一种把人类生态变成直觉审美的形式的创造。列夫·托尔斯泰等艺术家都宣称:艺术,表现着对于人生意义的了解。艺术家一方面努力把作品中的人和事纳入人生轨道;另一方面,他们又从这些人和事中超越,总体地品味人生。

文学,是人心灵反映的真实写照。鲁迅笔下的阿Q的形象,使许多中国人本能地感受到自身心灵深处的影子;玛格丽特·米切尔在《乱世佳人》里塑造了女主角斯佳丽对艾希礼至死不渝的感情,心地光明的女主角把人生与爱交付给一个心造的幻影,把仇恨与蔑视交付给一个乱世英雄,使观众对她产生同情。文学作品的"移情作压"很容易让观众把自己与作品中的主人公联系起来,挖掘内心深处的东西。

绘画,形象的再现。物的形象也是人心灵的投影,达·芬奇的传世名画《蒙娜丽莎》中的女主人公体现了内在与外在美的和谐统一;罗中立的油画《父亲》刚刚展出,许多观众徘徊不去,流下热泪,他们是被一种感人的真实所震撼;抗战时期,徐悲鸿画《八骏图》抒发自己的爱国情感并唤醒国民的抗日决心。

雕塑,立体的绘画。希腊的雕塑,不仅以人体为中心,而且往往赤身裸体,毫无掩饰,直接表现力量与柔美,匀称的骨骼、丰满的肌肉、自如的体态,显示了强盛的生命力。活跃在古希腊前期的雕塑大师米隆,代表作《掷铁饼者》表现了运动员在掷铁饼时即将抛出一刹那的情景,面部表情虽然宁静,肌肉却处于紧张状态,像一张拉满弦的弓。意大利文艺复兴时期的艺术家米开朗基罗在塑造《大卫》时并没有把他塑成一个牧羊少年,而是赋予这个形象新的内容,在他身上寄托着人类美好的理想,他不再是《圣经》里的大卫了,而是英雄的化身。古希腊人毫无顾虑地展示自己的身体,表现人是万物之灵、世界的主宰,是生命最优秀的代表。

舞蹈,活动的雕塑,生命力的象征。我国民间舞蹈活泼而热情,有高度技巧性的表演,如长时间旋转、高难度跳跃等,还有芭蕾舞的优雅、交际舞的大方,舞蹈的激烈奔放都是人生命力的释放。20世纪80年代以来,我国青年舞蹈家的新作,如《友爱》《命运》《黄河魂》《黄土黄》等作品,既能使观众产生强烈的情感共鸣,同时又能引发观众更为深刻的理性思考。

音乐,感情的形象。中国古代有知音之说。《列子·汤问》:"伯牙善鼓琴,钟子期善听。伯牙鼓琴,志在高山。钟子期曰:'善哉!峨峨兮若泰山!'志在流水。钟子期曰:'善哉!洋洋兮若江河!'"伯牙善于创造感情形象,而钟子期善于感受感情形象,琴曲的演奏,不必借助语言的解说,而是以音乐形象表达思想感情。巍峨挺拔的山峰给人以"巍巍乎"的感受；奔腾不息的流水给人以"洋洋乎"的联想，所谓"志在"高山或流水，就是精神面貌的体现。

在民歌里，情歌往往是主流。在四川宜宾、重庆一带，流行着一种当地称作"神歌"的山歌，其中最流行的一首是《槐花几时开》，曲调与歌词一样随意、欢快。姑娘炙热的情意，在听似淡化实则遮蔽的艺术处理下，愈益动人，令人难以忘怀。古时才子佳人每以琴音传情，今天青年又以对歌达意，音乐可以说是最容易使人动情的艺术。

影视更为直接地反映人生。美国电影《金色池塘》展现了一种美好的晚年状态。是谁给这对老年夫妻如此富有魅力的晚年岁月？不是女儿，也不是福利院，更不是百万财产，而是他们自身。漫长的人生，使他们之间的关系完全调和，岁月磨灭了世俗的火气，剩下的只有人生精髓。终点临近，使他们再也无意浮嚣的追求，更珍惜彼此之间的深情。毫无疑问，最美好的馈赠，正是来自人生。

艺术是人类的精神食粮。艺术着重表现人的智慧和力量，赞扬人的美貌和美德，肯定人的丰功伟绩，歌颂人的拼搏和英勇。即使描述痛苦不幸，也是悲壮的，是为了催人奋进，这就是悲剧的美。美国学者苏珊·郎格在《艺术问题》中指出，艺术家表现的绝不是他自己的真实情感，而是他认识到的人类情感。

美，体现了人的生命价值的形象，人们对于社会美的追求、对于自然美的喜爱、对于艺术美的欣赏、对于形式美的把握，最终都要汇聚到心灵深处，都要综合为高尔基所说的"最大的美"。美与生命同在，自然美的根源，就在于它诞生了生命，进化为人类，美的发展，就是生命进化和人类完善的历程，其中包括对丑的淘汰。艺术美是自然和社会中美的反映，而又高于后者，它表现人的美德与美貌，促其日臻完善。

社会的存在和发展并不需要人人都成为艺术家或者诗人，但是需要人人具有诗化的心灵，美的发现与创造，最终目的就是引导人格完善。只要人类存在，就不会放弃对美的追求。让美于艺术中发扬！让美在人的生命中荡漾！

2014 年 5 月 14 日

脚 步

　　我认为《舌尖上的中国》是近年来拍得最好的纪录片，我喜欢看不仅是对美食的追崇、对念白的认同、对拍摄的欣赏，更包含了对祖国大江南北饮食文化的兴趣、对故事情节的吸引、对美好生活的向往。

　　往大里说，饮食文化博大精深，通过饮食能了解一个地区的风土人情、民俗习惯。往小里说，饮食与个人息息相关，是人类最重要的生活方式。在如今快节奏的生活中，饮食除了能解决温饱，还涵盖了社交、沟通等行为，是亲情、友情、爱情的慰藉。会吃、懂吃、爱吃是热爱生活的表现，从今天起写七篇博文，小标题是《舌尖上的中国2》七集的主题，从我的角度理解饮食。

　　不管是否情愿，生活总在催促我们迈步向前。人们整装、启程、跋涉、落脚，停在哪里，哪里就会燃起灶火。从个体生命的迁徙，到食材的交流运输；从烹调方法的演变，到人生命运的流转，人和食物的匆匆脚步，从来不曾停歇。

　　我是西北人，十年前来到天津读研，没想到这一来就改变了我的命运，从大西北扎根到渤海之滨。大学毕业时可以选择留在家乡兰州,留在父母身边,也能顺利地拥有一份稳定并让人羡慕的工作。也许每一个双鱼座的人都对未知充满好奇,在父母的鼓励下,我背起行囊来到陌生的城市,那年我 22 岁,也是第一次离开家。

父母对孩子的疼爱更多的是表现在食物上,孩提的事情已记不清,更多的是从爸妈口述中得知全家人对我的爱。我从小身体不好,经常生病,牛奶是生活必需品,当时凭票限量,买牛奶绝不是件容易的事情,为了让我喝上新鲜的奶,爸爸每天早上 5 点就出发去奶厂,来回就是一个多小时,急匆匆的脚步一走就是若干年。

在物资匮乏的年代,鱼绝对是餐桌上的奢侈品,爸妈把炖好的带鱼剔刺,全部留给我吃。在今天看来,一包牛奶、一条带鱼早已稀松平常,90 后、00 后也无法体会 80 后的这种感情。后来家里的生活条件越来越好,餐桌上也越来越丰富,牛奶、带鱼仍是我的最爱,因为那不仅是食物,更是我对父母的感恩、对成长的记忆。

我父母都在铁路工作,按理来说,家庭条件还算不错,但爷爷奶奶都在农村,每月还需要父母补贴,经济就比较拮据了。妈妈当时是货场的值班员,中午不回家,但她很少和同事一起吃饭,不是因为她内向,而是她的餐盒里永远都是白菜土豆。

在上大学之前,我和爸爸基本不进厨房,爸爸很忙,而我是懒,我进厨房只有两种情况,要么是饿了去冰箱里找吃的,要么就是犯了错主动刷碗示好。每天妈妈都很辛苦,上班、下班、买菜、做饭,中午两小时,她都要给我做新鲜饭菜,还要保证我有 50 分钟的午睡时间,数十年如一日。馒头自己蒸,面条自己擀,饺子自己包,从没哪天是凑合的,按她的话说,每天下班就像在"打仗",不难想象她每天匆忙的脚步。

我 2000 年上大学,家离学校半小时车程,这么近我也很少回家,说不清在忙啥,爸爸妈妈总会来学校看我,带上一大盆红烧肉或烤很多鸡腿,让我和同学一起吃。为了一口热饭,他们用最快的脚步给我送到学校,红烧肉肥而不腻,鸡腿烤得外焦里嫩,爸妈来的时候也是我和同学们过节改善的时候。

我来天津读书,父母两次来看我,来之前会问,需要什么,我的回答是家里的饭,一碗家乡味将被带往 1600 公里外的天津。父母下了飞机直奔学校找我,给我带来家里炖的牛肉,当我咬下第一口,已潸然泪下。千百年来,食物就这样伴随着人们的脚步不停迁徙、不断流变。无论脚步走多远,在人的脑海中,只有故乡的味道熟悉而顽固,它就像一个味觉定位系统,一头锁定了千里之外的异地,另一头则永远牵绊着记忆深处的故乡。

十年在外,我练就了很好的生存技能,尤其是烹饪。我的工作是忙碌的,每天除了学生工作,还有课要上、文章要写、画要画、科研要搞,但我视烹饪为最好的休息方式,把各种各样的食材有机地联系在一起,经过加工再创造,赋予它们新的含义。

东山到上海的鲍鱼、珠海到成都的石斑、广西到北京的蔬菜、昆明到新疆的菌类,今天的物流和今人的胃口大大加快了食材迁徙的速度。路途之上,行色匆匆的已经不只是人,食物也在传播流转,聚散之间衍化出不同的形态和风味。

每到一地,我都会选取当地有特色的食材,带回家烹饪,无论是四川的腊肉还是金华的火腿,无论是东北的大米还是江西的干菜,都是我的猎取之物。妈妈也时常给我寄来家乡晒制的辣椒、自家研磨的调料,每逢休息我都会做一大桌菜,邀请朋友来家品尝。生活就是这样,无论多忙,都要放慢脚步,除了心灵鸡汤,我们更需要物质食粮,五湖四海的朋友围坐一起是缘分,一桌子的食材来自各个地方不也是缘分吗?

在今天巨变的中国,人和食物比任何时候走得都快。无论我们的脚步怎样匆忙,不管聚散和悲欢来得有多么不由自主,总有一种味道以其独有的方式每天三次在舌尖上提醒着我们:认清明天的去向,不忘昨日的来处。

2014 年 11 月 10 日

心 传

有一千双手,就有一千种味道。中国烹饪无比神秘,难以复制。从深山到闹市,厨艺的传授仍然遵循口耳相传、心领神会的传统方式,祖先的智慧、家庭的秘密、师徒的心诀、食客的领悟,美味的每一个瞬间,无不用心创造、代代传承。

今天是"双十一",尽管我努力控制双手但还是买了不少,从半夜 12 点开始,我用了一个半小时购买食材,井冈山的竹荪、宜宾的芽菜、莆田的桂圆干、临安的山核桃、云南的松茸、四川的腊肉等。

选择食材我是挑剔的,离家不远有个菜市场,但环境不好,我很少去那里买东西,更愿意去远一点更大的市场采买,肉蛋禽鱼、瓜果桃蔬,色彩、品质、新鲜程度甚至是购物环境都在我考虑的范围,这可能是双鱼座要求完美的特质。

我很容易分辨出食材的好坏,这是从小放学后跟妈妈买菜积累的经验,什么样的西瓜甜、什么样的橘子酸,哪部分的肉可以炖、哪部分肉适合炒,心里都有数,没有谁去刻意地教我该怎样挑选,而是妈妈与我之间的心传。

中式烹饪，油是锅和食物之间的媒介，热力作用产生出奇妙而丰富的烹饪方式，植物油脂比动物油脂更容易获得，而且健康，这个秘密的发现使烹饪史前进了一大步。胡麻，我国五大油料之一，由胡麻籽压榨出来的食用油，在甘肃一些地方称为"清油"，比起超市里琳琅满目、包装讲究的食用油，这种用老式塑料桶装的胡麻油显得很不上档次。

我老家在甘肃农村，爷爷奶奶在世的时候种了成片的胡麻，农村油坊很少，一年中绝大多数时间都是关门的，只有胡麻成熟时，油坊才有生意做。爷爷提前把炒熟的胡麻送到油坊排队等候，排上几天或者一周也不稀奇，过去榨油全靠人工，须是七八百斤以上的胡麻才可以榨出一桶油。磨胡麻的不是电器，而是骡子、驴拉着石磨，人在旁边不断搅拌。包油时，家家户户拿来成捆的胡麻杆，烧蒸锅，磨好的胡麻籽蒸到恰好，油师傅就去包油，用冰草垫在四周，然后用几个碾场用的石杵往下压，反反复复榨油。这样一桶饱含辛勤汗水的胡麻油不久后就会出现在 300 公里之外我家的餐桌上。如今时代快速发展，榨油也告别了繁琐复杂的程序，人工榨油传承一千多年的古老工艺，在电力机械时代，依然焕发原始的生命力。

甘肃常年干旱少雨，严重制约经济发展，但充足的阳光让许多农作物更好地生长，比如西瓜、白兰瓜、籽瓜、玫瑰、当归、黄芪等，还有兰州独有的百合与韭黄，每到冬季，这些食材被甘肃人作为礼物发往全国各地。

很多人提到兰州，首先想到的是牛肉拉面，牛肉面已经成为城市名片。妈妈是江苏人，爱吃米，但为了将就爸爸，面成为家里的主食，妈妈学会各种面的做法，丰富了家里的餐桌，面条筋道滑溜，馒头白香绵软，油饼松香酥脆，一碗"拉条"是味觉的享受。后来我在天津工作，妈妈来看我，从家里带了十斤面，她说天津的面做不出家乡的味道，直到今天我都能体会到这十斤面对我的意义。所谓心传，除了世代相传的手艺，还有生存的信念以及流淌在血脉里的勤劳和坚守。

我来天津十年，虽同属北方，相距也只有 1600 公里，但西北与华北的口味还是有很大区别。甘肃以牛羊肉为主，粗犷简单的制作方法更体现食材的新鲜；天津更偏爱河海两鲜,过去一年都吃不上一次螃蟹,如今螃蟹可以随处买到。

我对海鲜情有独钟,新鲜的基尾虾只需要煮,肥满的螃蟹一蒸就能上桌,扇贝、牡蛎、青蛤放点蒜和橄榄油片刻就成为美味。美食的改良,离不开挑剔的朋友们丰富的阅历和敏锐的味觉,这可以帮助我准确地把握美食的风味精髓。以前爸爸是不爱吃海鲜的,他每次来天津,我都不知该用什么款待他,直到有一天妈妈告诉我,朋友给他带了螃蟹,他品尝后赞不绝口,不知道是食材的新鲜让他改变,还是心境发生了变化,不过传递给我一条重要信息,等爸爸下次来,我有的买了。

传承中国文化的不仅仅是唐诗、宋词、昆曲、京剧,它包含着与我们生活相关的每一个细节。从这个角度来说,美食也是传承,从发现了火和盐,食物就发生了翻天覆地的变化,厨师是文化的传承者,也是文明的伟大书写者。从手到口,从口到心,中国人延续着对世界和人生特有的感知方式。只要点燃炉火,端起碗筷,每个平凡的人都在某个瞬间参与创造了舌尖上的非凡史诗。

2014 年 11 月 11 日

时 节

　　中国多样的地理环境和气候，日出而作，日落而息。人们春种，夏耕，秋收，冬藏。四季轮回中，隐藏着一套严密的历法，历经千年而不衰。相比农耕时代，今天的人们与自然日渐疏远。然而，沿袭祖先的生活智慧，并以此安排自己的饮食，已内化为中国人特有的基因。这是关于时间的故事，是中国人与自然相处的秘密。

　　美食只留给最勤劳的人，也只有通过劳动才能获得。爷爷是农民，他用自己的方式感知季节的变化，成形于 2000 多年前的中国历书，依据时间更替与气象变化的规律，一年里安排了 24 个节气来指导农事，春雨惊春清谷天，夏满芒夏暑相连，秋处露秋寒霜降，冬雪雪冬小大寒。

　　爷爷一辈子生活在大山里，靠务农拉扯 5 个儿女长大，西部艰苦的自然条件严重影响农作物的生长，土豆成了一年四季的主菜。今天土豆不断变换着花样，以不同形态出现在大众面前，受到追捧，可在缺盐少油的时代，土豆只有煮或蒸，我很难想象父辈这代人是怎样在严重粮食短缺，营养不良的情况下，用知识改变命运的。

　　春分,中国大部分地区过冬作物进入春季生长阶段,民间有"春分麦起身,一刻值千金"的农谚;清明含有天气晴朗、草木繁茂的意思;俗话说:"雨生百谷",降雨及时而且雨量充足,谷类作物能够茁壮生长,谷雨节气就有这层含义;小满是麦类等夏熟作物灌浆乳熟,籽粒开始饱满,四川盆地的农谚赋予小满以新的寓意"小满不满,干断思坎"把"满"用来形容雨水的盈缺。在过去"靠天吃饭"的大山里,对节气的熟悉是全家温饱的保障,四季轮回,应季而作,应季而收,爷爷用祖先的经验获得丰厚的回报。

　　全村二百多户人都姓张,我们族人在村里不算是最大的一支,但因父亲,叔叔都在省城工作,所以条件要好一点。对于忙碌的庄稼人来说,没有什么比年还重要,家家户户蒸馒头,做烩菜,享受一年中最为清闲的时光。妈妈心细,年前会采买各种各样的食材,包括盐和酱油。亲戚们从年三十就挨家挨户地串门喝酒,酒是三四块钱的散酒,菜也只有用胡萝卜腌制的咸菜,未经任何加工的花生,只有到爷爷家喝酒时,饭菜的品质才会升级,把最好的食品端上饭桌是中国人的待客之道。

　　热腾腾的面条是农村过年的必备,面虽不如城里买的白,但绝对是自家种的小麦磨的,配上韭菜、土豆丁、豆腐丁和黄花菜,再浇一勺用醋勾兑的汤水,一碗"酸饭"就出现在餐桌上,热面不仅是冬天里充饥补充能量的食物,更是对一年辛勤劳作的肯定。如今外出务工的人越来越多,昨日熙攘的村落只剩年迈的老人和幼小的儿童,爷爷奶奶也离世十多年,我也再没回过农村过年,那一碗"酸饭"成了记忆。

　　让我们回到夏天的故事。只有盛夏,甘肃人的饭桌上才会出现一种特有的食物——浆水。浆水是一道历史悠久的汉族传统名菜,相传始于秦朝末年,用包菜、芹菜、野菜等为原料,在沸水里烫过后,放置几天发酵而成。浆水可以当饮料,清热解暑,但在外地人眼里,浆水很酸,难以下咽。浆水制作要在干净的环境里,避免其他细菌污染,做浆水的盛具,最好是陶制品,不能随手用器皿去舀,要用专用器皿,使用前用开水烫一遍消毒,如果被其他细菌污染,浆水表面会起一层形如泡沫的东西,也就是"白化",说明已经坏了。浆水面成本低,制作简单,是百姓家最常见的食品,如今,浆水面馆遍布兰州市的大街小巷,吃遍万千浆水面,还是妈妈做的那一碗最合我的胃口。

在四季变换中,中国人不懈地寻找美食的秘密。立春吃春饼,端午吃粽子,中秋吃月饼,冬至吃饺子等。市场经济下,人在饮食上早已经摆脱了时间与空间的限制,食品更多地成了象征。我是一个注重传统的人,不仅反映在三纲五常,伦理道德上,对待时节我也有自己的方式。腊八,我坚持熬粥,在中国,粥的历史源远流长,关于粥的文字,最早见于《周书》:"黄帝始烹谷为粥。"熬粥看似简单,但要熬出一锅好粥并非易事,把颜色、形状、味道等各不相同的原料放在一起,红枣、苡仁、莲子、百合、小米、红豆等杂七杂八地一锅煮下去,在火候的催化下,一碗粥很难区分出食材的原始状态,我们也很难说清更偏向什么味道,只有一个字"甜"。

从甘肃到天津,经度的变化没有改变我的饮食习惯,"软儿梨""热冬果"都是我冬天厨房里的"私房菜"。天津是海滨城市,特殊的 C 字形海湾把天津变成了内海,天津人对河海两鲜的喜爱超过所有食品,民间流传一句俗语"借钱吃海货,不算不会过"。吃海鲜讲究时节,比如海蟹,每年春秋两季比较合适,那时蟹膏多,肉也肥,过了季节,产子之后的螃蟹又瘦又空,味道大打折扣。再比如小银鱼,俗称面条鱼,从上市到退市个把月时间,简单地腌制后和鸡蛋糊一起煎至双面金黄,即成美味。简单的食物,本真的生活,离大海最近的天津人,深深懂得与自然的相处之道。

大雪飘落,土地封冻,农村的菜窖估计也储藏了满满的蔬菜,以度过漫漫长冬。冬季,不仅是土地和作物休息的时间,也是忙碌一年的人们归家,用阖家团聚犒劳自己的季节。春节前,数以亿计的国人,从各地踏上回家的旅程。带上简单的家当,借助一切交通工具,横跨千里,归心似箭,为的是一顿象征着团圆的年夜饭。这是农业文明留给现代中国的印记,也是关于时节的尾声。在这个时代,每一个人都经历着太多的苦痛和喜悦,中国人总会将苦涩藏在心里,而把幸福变成食物,呈现在四季的餐桌之上。

2014 年 11 月 12 日

家 常

　　家,生命开始的地方,人的一生走在回家的路上。在同一屋檐下,人们生火、做饭,用食物凝聚家庭,慰藉家人。平淡无奇的锅碗瓢盆里,盛满了中国式的人生,更折射出中国式伦理。人们成长、相爱、别离、团聚。家常美味,也是人生百味。

　　天水,甘肃东南部的城市,正好在祖国地图的几何中心,是华夏文明的重要发源地,我的老家就是距市区 100 公里的县城,陇山巍峨,峻岭重叠,山峦起伏,沟壑纵横,夏润冬燥,干旱少雨。

　　特殊的地理环境和气候制约当地经济发展,玉米和小麦是当地种植的最重要的农作物,夏季高温,让它们过早成熟,爷爷找来麦客帮忙。老家有 7 块地,8 亩左右,分布在不同地段,最近的一块土地在村口的小河边,而最远的则需徒步走两个小时,翻好几座山才能到。

　　地依山势而修,蜿蜒盘旋的小路也只能一人通过,现代化机器无法进入,只有靠人力才能完成收割。避开晌午最正的日头,麦客们一般下午三点左右才出发,忙碌到半夜回来,重体力活必须要靠"干饭"才能迅速补充体力,干饭就是用玉米面和少许白面在水里搅和制作出来的"散饭",也叫"搅团"。为了调味,制作一锅酸汤,开水中加入食盐、味精、醋、酱油和葱花即可,散饭的热量比大米高得多,一顿饭过后还有更繁重的劳动等待着他们。收割、打捆、运输、曝晒、扬场、分类、回仓、翻地,一个夏天,爷爷都在忙碌,一家人因为勤劳而感到踏实。

离开农耕的土地,1600公里之外是中国最繁华的都市,天津。我22岁来天津求学,这一来就再也没离开过,比起很多四处漂泊的人我幸运得多,无论是学习还是工作,我都在一步步地实现儿时的梦想,为梦想努力的人生是最快乐幸福的。父母帮我解决了经济上的负担,无压力的我有更多的时间和更好的心情去做自己喜欢做的事,烹饪就是其中一项。

无论工作多忙,我每周都要做一顿美食,让食材流动起来,红烧肉是我每次都要做的主菜。上好的带皮五花肉,一定要肥瘦相间,凉水下锅,抄出血沫,再放到凉水里紧致,让皮和肉更有嚼头,葱姜蒜,八角桂皮香叶,酱油咸盐,小火炖制,剩下的就只有时间和耐心了。

我去过全国25个省市自治区,每到一地都会到当地有名的饭馆去品尝红烧肉,湖南的毛氏红烧肉不用酱油,颜色完全靠糖色,鲜甜诱人;上海的笋干红烧肉,荤素完美结合;浙江的东坡肉是红烧肉家族个头最大的成员,圆润丰满诱惑力十足,辅之以江浙菜系特有的精工慢火烹饪,肥而不腻;福建客家梅菜扣肉,色泽金黄,香气扑鼻,清甜爽口,不寒不燥不湿不热;江苏的苏氏红烧肉酥而不碎、甜而不粘、浓而不咸。我做红烧肉的方法完全是跟妈妈学的,这熟悉的味道伴随我长大,母亲把味觉深植在我的记忆中,这是不自觉的本能,这些种子一旦生根、发芽,即使走得再远,熟悉的味道也会提醒我家的方向。

西北人口味偏酸辣,这也许是我爱吃泡菜的原因,这种四川特产从小就走进了我的生活,原来吃泡菜只是简单地放点辣椒油,如今我用泡菜、泡椒和其他食材搭配可以烹制出更多的美食。家里的泡菜坛子与现代化的装修风格并不搭调,但对美食的推崇让我把泡菜坛子放在厨房重要的位置。选应季鲜嫩饱满的蔬菜，洗净，轻微脱水，盐和凉白开按比例混合，萝卜、生姜、豇豆有序摆放，再放上辣椒提味，蒜头杀菌，花椒增香，放入两片维生素 C 中和硝酸盐，在菌的作用下，蔬菜中的糖转化成乳酸，造就了泡菜酸爽的风味。往坛沿倒进清水，阻断空气和细菌，几天时间，微生物赋予蔬菜新的活力，褪去艳丽和生涩，变得清亮、脆嫩、酸冽，泡好的酸豆角加上五花肉，大火爆炒，一道常见的下饭菜就出锅了。

小舅经营一家饭馆，店面不大但生意红火，每天从早上 6 点就要开始准备，一直忙到晚上，饭馆主要经营家常菜。小舅每天都会亲自去市场采买，他的小摩托车上运输的不仅是赚钱的物品，更是对食客的责任。没有华丽装修，没有独家秘方，只有灶台上下翻滚的铁锅和手中的炒勺。饭点时，妈妈、大姨都会去帮忙，旁边的饭馆一家家地换，品种也是天天变，但他的饭馆依然是整条街最火爆的一家，有很多人大老远驱车来就为吃一碗菜拌面。夜幕降临，工作接近尾声，他和员工们围坐一起，弄几个小菜，喝几口小酒，放松一下，与其说这碗家常菜展示的是他的厨艺，不如说是他对待生活的态度。

人类组建家庭，原因之一，就是为了更合理地生产和分配食物。正是这些人间烟火，让家庭组织更加紧密。尽管千门万户的家常美味各不相同，但有位作家说，幸福的家庭都是相似的。

2014 年 11 月 13 日

相 逢

　　大多数美食都是不同食材组合、碰撞产生的裂变性奇观,若以人情世故来看食材的相逢,有的是让人叫绝的天作之合;有的是叫人动容的邂逅偶遇;有的是令人激动的相见恨晚。人类活动促成了食物的相聚,食物的离合也在调动着人类的聚散。西方人称作"命运",中国人叫它"缘分"。

　　辣椒,从美洲传入中国后,迅速生根发芽,逐渐取代本土的辛香料,成为美食的主角。花椒食用时以每秒50次的频率产生轻微刺痛,触发神经,这种口感,中国人称之为"麻"。甘肃是重要的花椒生产地,陇南市武都区被称为"花椒之乡",所产的大红袍花椒穗大粒多、皮厚肉丰、色泽鲜艳、香味浓郁、麻味适中,是家庭餐桌上重要的调料。天水甘谷县是"辣椒之乡",甘谷辣椒色泽红亮,肉厚油多,角条顺长,皱纹均匀,味道浓郁鲜香,这两味食材深深地根植于我的味觉系统里。

　　火锅源于四川,也许是因为甘肃人好麻辣的缘故,火锅在这里生根发芽并迅速发展,兰州市的大街小巷里遍布几千家火锅店,其中不乏四川当地名店,琳琅满目的锅底吸引着对饮食极其挑剔的兰州人。

我对火锅的热爱超过一切美食,对于烹饪的执着及对美食近乎完美的要求使我制作火锅的过程繁琐很多,所以只有关系非常好的朋友来时,我才会准备火锅。选材、配料、炒料、调汤,每道工序都有操作标准,甘谷辣椒赋予火锅艳丽的色泽,牛油能有效吸收辣椒和花椒的味道,豆瓣和豆豉让汤汁浓稠,姜末的辛香则使辣味的层次更加多元,大红袍花椒香味浓烈,青花椒香气外向,再加上七八种不同的香料,兑上精心吊出的高汤,香味十足的火锅便上桌了。

不同地域对涮菜有不同偏好,四川火锅里,黄喉、毛肚、鸭肠、笋尖、鸭血、胗花都是上乘涮品,而北方的火锅,羊肉、白菜、豆腐、粉丝则缺一不可,而我的私人火锅里,则把南北不同食材聚集在一起。四川火锅的蘸料以香油蒜泥为主,天津更偏好芝麻酱,尽管口味不同,但对火锅的热爱相同。涮火锅的氛围更符合家人团聚,朋友重逢,最集中地体现了中国人对于热闹与团圆的向往。花椒和辣椒的香艳相逢,不仅是味蕾和神经之间电光火石般的碰撞,也是亚洲和美洲之间味道的越洋聚首,两种奇妙的香料,携手闯荡江湖,不仅塑造了火热的盛夏味道,也让火锅染红大半个中国。

母亲是当年下乡的知青,河西走廊的金塔县是她的第二故乡,从小到大,我经常听她给我讲那些年的故事。大学暑假,我陪她来到阔别多年的地方,乡亲们一眼就能认出妈妈,那份热情让我始料未及,东家出,西家进,村民最好的招待就是大盘鸡。散养的公鸡,甘肃人钟爱的土豆,老婆婆亲手做的"皮带面",用先炒后炖的中原做法,让肉和菜相互浸润,鲜美的鸡汤与土豆中的淀粉形成丰盈的汤汁,五味俱全。大盘鸡、烤包子、拉条子曾伴随着妈妈人生最美好的青春时光。

当年的沙土路已经被整洁的马路取代,破旧的县城也焕然一新,历史对于旁观者是一段故事,对于亲历者却是切身的喜悦和感伤。在时代浮沉中,中国人习惯用食物缩短他乡与故乡的距离,在天津我尝试用各种方法去做大盘鸡,离开了地域与氛围的渲染,再也做不出那独有的味道,不是因为食材,而是经历,没有当年他们上山下乡的豪情,没有久别重逢的喜悦,没有回忆过去的感慨,大盘鸡也就缺少了独有的味道,对于他们,美食是借口,更多的是同甘共苦的味觉记忆。

　　我家更像是聚会的"据点",朋友们逢节就来,只要有时间,我也乐此不疲地穿梭于市场采买。我的好朋友都是学生,从 2006 级算起,已经带了 8 届学生,有的毕业已经四年,关系早已超越师生,更是朋友或兄弟。这么多年我的餐桌上一直保留一道主菜,大块的肉与白菜、木耳、蘑菇、干菜、土豆放在一起用小火炖制,不同的食材在火与时间的调和下,相互融合,散发诱人的香味,我之所以爱烹饪是因为我珍惜朋友的每一次相逢,家人的每一次团聚。

　　东方和西方,西部和华北,人的迁徙促成了食物的相逢,食物的离合见证了人的聚散。然而,究竟是人改变了食物,还是食物改变了人,餐桌边的一蔬一饭,舌尖上的一饮一啄,总会为我们津津有味地一一道来。

2014 年 11 月 14 日

秘 境

　　古老的北京城，走不了多远，就可以品尝到正宗的土耳其餐，地道的西班牙海鲜饭，或是原汁原味的法国大餐。人们与来自全球各地的食物交会，口味也日益和世界趋同。然而，总有未被发现的食物，因此在中国的山林丘壑、江河湖海与草原沙漠之中，那就是我们要发现和寻找的秘境。

　　中国人有很多独有的烹饪秘方，口耳相传，代代受用。一般餐馆的后厨是不让随便进入的，为了卫生，但最主要的是怕偷艺，私房菜、招牌菜是很多饭店的秘密。甘肃以牛羊肉为主，对羊肉的烹制绝对考验厨师的水平，在兰州大大小小的清真饭店里，羊肉的位置举足轻重。

　　手抓羊肉源远流长，是西北各民族群众喜爱的传统食物，这与西部曾经恶劣的生活环境和独特的生活习惯有很大关系。外出游牧，数月不归，而羊肉有"饱食一顿，整天不饿"的功效。如今西部大开发，甘肃成了河西走廊的明珠，手抓羊肉从充饥解乏的食品走进千家万户。

　　家里炖羊肉选取当地的羊,用肋条和脖子部位,这也是肉质最好的地方,不加盐是炖煮的关键,盐作为强电解质会破坏羊肉的细胞膜,使肉质中的水分渗出,失去弹性而口感变老。2个小时的文火炖煮,肌肉纤维软化,饱含水分,装盘之前,盐才会登场,既增加口味又不影响熟肉口感,双倍提鲜。鱼和羊组成汉字里的"鲜"字,这是中国人对味道至高无上的评价。一片生姜,一把盐,简单的烹饪足以将羊肉的美味发挥至极,这也暗含了人们对食材的自信,当大家向我询问制作方法时,我也只会报以神秘的微笑。

　　中国人善于在平淡的生活中创造美食,美食也是人们生活中的心灵慰藉。妈妈擅长面食,我小学春游,她用番茄汁和菠菜汁给我做的红绿凉面,再配上金黄的鸡蛋饼会赚足人气,在当时,这种做法绝对是我家厨房里的秘密。还有涮汤面,瘦牛肉炒成臊子,土豆、豆腐、萝卜切丁,木耳切碎,铁锅注清水,旺火沸腾,放入肉臊子后将底菜入锅,旺火滚沸后文火加热,用牛油兑汤,汤要注意色正,即红、鲜、亮,保持酸、辣、鲜的基本口味,面条煮熟后过凉水,盛到碗里后浇一勺辣椒油,香气扑鼻,这一碗面就是妈妈用勤劳的双手制造出来的秘密。

　　无论什么样的厨房,什么样的食材,一旦注入人类的智慧与感情,都能变成美食的秘境。姥爷做得一手好菜,在众多晚辈中他最疼我,只要我去姥爷家,他总会拿出储存的好东西为我做,土豆炖牛肉让我垂涎欲滴,胡辣汤美味无比。冬天,姥爷、妈妈和我围坐在小火炉边,一口小锅注满清水,几块卤水豆腐,一点虾干,咕嘟咕嘟地炖,快熟的时候,放一点粉条,撒一点葱花,一把盐,顿时香味飘满全屋,温馨的场面深深地根植于我的记忆中。在我初二,姥爷走了,特殊的味道也随风而去,我和妈妈曾不止一次地去做这道最简单的家常菜,豆腐品质不断改变,虾干也选用最好的,但怎么也找不到当年的感觉。直到今天,我才懂得老人厨房里最大的秘密就是儿孙满堂,食物就像信使一样传递着家和亲情的信息。

　　从兰州向南1200公里以外,是妈妈的祖籍,江苏徐州,自古以来就是战略要地,南来北往的人形成了这里多样的饮食风格。这些年我总陪妈妈去徐州探亲,家乡人的热情体现在饭桌上,各种各样的地锅让我过足嘴瘾,其中有一种特殊的烙饼方式吸引了我。直径尺余的乌黑的凸形铁鏊子,用木柴烧,而且必须是木柴,火苗稳定,温度易控制,这样烙出的饼味道醇厚,大小均匀的一个个面团用枣核式的擀面杖擀成面皮,在鏊子上加热,用扁竹劈子反复摊铺正反面,这样一张饼就成形了。出于好奇,我也买了鏊子带回家尝试,但煤气始终无法替代木柴,翻饼速度也不熟练,一次都没成功过,看似简单的加工没有任何秘方,但换了地方换了人,味道就大为不同。

在天津的厨房里,我也有自己的私家菜,比如对鸡肉的烹制,对海鲜的加工,白兰地、柠檬、干红都是我做菜的调味品,我用最家常的方法去做最家常的菜,用最平常的心结交最合拍的朋友,选最新鲜的食材给最爱的人烧菜就是我厨房最大的秘密。

2014 年 11 月 15 日

三 餐

　　周五晚上好友聚会,一下班我就往目的地赶去,周末的交通让人闹心,100 多公里路走了近 3 个小时,到时已快八点,热菜已变成凉菜,话不多说,自罚一杯。

　　周六早上 7 点,朋友叫醒还沉睡的我,头天的酒劲还未散去,胃也早已空空,朋友对我的关心从早餐开始,一碗热的小米粥,一碟小咸菜,一个鸡蛋,吃下去舒服了许多。上学时从不注意早餐的重要,经常是早饭中饭一起吃,随着年龄增长,越来越注意养生,早餐成了生活中最重要的一顿饭。

　　中国人吃早饭的习惯,始于两千多年前的汉代。此后,华夏大部分地区,大都实行早午晚三餐制,利于生活也利于生产,一日三餐,几乎成为人类共同的饮食制度。同样的饭食在中国,变幻出不同的生活节奏,塑造出各异的人生感受。

　　清晨,妈妈就在厨房忙碌着,沸水锅里搅拌面和鸡蛋,一碗既营养又清热去火的面汤很快出锅了,这是全家最喜欢的早餐。中国早餐,味道至关重要,面汤看似简单,但要做到不稠不稀不粘锅也非易事,水烧到什么程度下生面,面和水的比例是多少,鸡蛋什么时候放都有讲究,成功的经验来自于一次次的尝试。

对于金城兰州来说,很多人一天的忙碌是从吃碗牛肉面开始的,很多外地人不理解,早上谁能有胃口?当他们吃下第一口,马上会改变这种想法。兰州牛肉面有一清(汤清)、二白(萝卜白)、三红(辣油红)、四绿(香菜绿)、五黄(面条黄亮)五大特点。牛肉面既是一种地方小吃,也是地域文化,这种文化,靠汲取地方人文的土壤,靠大漠戈壁和强烈的紫外线,靠冷风和草灰强碱,靠这些养分的滋润和哺育。

高中,我在离家较远的学校读书,为了避免路上奔波,我借宿在大姨家,这一住就是三年,大姨每天照顾我的三餐。中午,大姨会站在小区门口,只要看见远处有我的身影,便快速跑到厨房炒菜煮面,分秒必争为的就是让我多睡会儿午觉。一碗拉条,一盘韭黄炒肉,两种美食绝妙地搭配在一起,让我一饱口福。那时表姐在部队服役,大姨把所有的精力和爱都倾注在我身上,直到今天只要我回兰州,大姨都会炖肉做菜,然后送到我家,家乡的味道有种特殊的魔力,能让天各一方的家人穿越时空聚在一起。

古人讲过午不食,意思是说过了正午就不饮食了。如今越来越注重养生的中国人都在说"早饭要吃好,中午要吃饱,晚上要吃少",因为晚上运动量少,晚饭过多不易于肠胃消化,古语说:"晚饭只喝汤强似吃药方"就是这个道理。但在今天,中国人对晚餐的注重超过所有。

在我的食谱上,水饺的位置举足轻重,饺子作为北方最传统的一种面食有悠久的历史,在其漫长的发展过程中,名目繁多,古时有"牢丸""扁食""饺饵""粉角"等名称,三国时期称作"月牙馄饨",南北朝时期称"馄饨",唐代称饺子为"偃月形馄饨",宋代称为"角子",元代称为"扁食",清朝则称为"饺子",民间有"好吃不过饺子"的俗语。

我从不买现成的饺馅,绞肉机里出来的馅太绵软没有嚼头。我会选取肥瘦相间的猪肉自己剁,按一个方向加水搅拌,要达到这个效果,需要付出足够的腕力和持久的耐心,放入酱油、咸盐、味精等调味品,用饺子粉和面擀皮,看似繁琐的过程因全家人的参与更有意义。过年吃饺子取平安团圆之意,朋友离别吃饺子,取长接短送之意,饺子被赋予了浓厚的人文情怀。

　　楼下大娘在自家花园里开垦了一小块地,每天和老伴劳作,大娘种了应季的蔬菜,如果我下班能遇见她,大娘会与我分享劳动成果。大娘每天都很高兴,见了邻居会有说不完的话,讲述她种菜心得,乐此不疲,我从未见过她脸上有倦容和愁容,这是劳动带给她的快乐。现代生活,把食物简化为贴上价签的消费品,快乐厨房的菜肴,则让人思考食物和自然以及生产者的关系。时事变迁,人心进退,越是在水泥森林里久居,越向往对农耕生活的回归,社会的急速变化,搅动着每个人的内心。

　　对美味的渴望,源自人类的本能。然而关于美食,每个人又有着不同甚至相反的选择,嗜荤茹素,快食慢餐,都有各自的理由。今天,空前丰盛的食物,和前所未有的资源困境并存。如果到先辈的智慧中寻找答案,他们或许会告诫我们短暂的一生:广厦千间,夜眠仅需六尺;家财万贯,日食不过三餐!

2014 年 11 月 16 日

CHAPTER 8
第八章

菁菁校园

什么是辅导员

四天七场高水平的讲座,让我的思想又一次升华,这是我第二次参加教育部组织的全国辅导员骨干培训班。2010年在北京,我系统地接受了网络思政的培训,受益匪浅,这几天在南开大学的学习为我开启了另一扇窗。

热播的情景剧《爱情公寓》轻松幽默,我每集都看并且很快成为粉丝,但有一句台词让我心里不爽,一菲博士毕业后,大家为她庆贺,美嘉解释道,一菲终于是教师了,是站在讲台上的授课教师,不是从前的辅导员。我有点纳闷,辅导员难道不是老师吗?辅导员难道就不讲课了吗?辅导员除了杂七杂八的事,就不用搞科研了吗?辅导员难道不是职业吗?这一切只有真正从事辅导员工作的人才有发言权。

什么是辅导员?很多人觉得这个职业任何人都能干,无论是社会上从事其他职业者还是校园里的个别领导、专业教师,我经常听到他们说,你们不就是哄着学生玩,看好了别出事就行。很多博士、硕士毕业后把辅导员工作当作就业途径,以转教学岗为最终目的,而我们自己也时常把辅导员工作比喻成大保姆、大管家、救火队,辅导员被戏称为

"孩子头"。学风考风、党团建设、安全稳定、就业创业、校园文化、宿舍管理、征兵献血、扶贫助困、奖励惩罚等,只要与学生一切相关的工作,都要有辅导员来承担。在某校论坛看到一篇文章《找辅导员》,感受颇深,文章里面列举了学生发生的种种事件,无论是谁第一句话都会说"去找辅导员",学生犯错被问的第一句是"你辅导员是谁?"校园里,和学生接触最多的是辅导员,时间最长的是辅导员,感情最深的也是辅导员,当学生出现问题后第一个想到的还是辅导员,辅导员俨然成了校园里最火的词汇。

全国有 10.6 万人从事专职辅导员工作,有 3.7 万兼职辅导员,这支 14 万人的队伍服务着全国 3600 多万名大学生,这支 14 万人的队伍,坚守在帮助大学生成长成才的第一线,为社会和谐做着巨大的贡献。辅导员的工作性质要求这支队伍必须年轻化,我们很多同事都刚参加工作,有精力,有想法,和学生打成一片,这为开展工作提供了便利条件,朋辈式的教育方式更容易被 90 后的同学接受,情感沟通是思想引领的前提,朋友之间的交流要好于说教者的指导。

从辅导员发展道路中能看出其内涵不断变化。1952 年,国家提出要在高校设立政治辅导员,1953 年清华大学、北京大学向当时的教育部提出试点请求,此后不少高校建立了辅导员制度,主要做思想政治工作。1961 年,党中央庐山会议上出台专门文件,提出在各高校设立专职辅导员并得到实施。1978 年,国家教委出台文件,在高校恢复辅导员制度,辅导员工作不再仅仅停留在政治工作上,还逐步向思想政治教育转变。20世纪 90 年代,随着改革开放的深入,高校也出现了很多新情况,比如帮困工作、心理辅导、职业辅导等工作也成了辅导员工作的一部分。

进入 21 世纪,党和国家越发重视思想政治教育工作,2000 年、2004 年分别出台文件促进大学生思想政治教育工作。尤其是 2004 年 16 号文件,拓展了辅导员职能,"帮助学生解决实际问题"作为一项职能写进了文件,并从很多方面为辅导员的出路和保障做出了规定。

辅导员是大学中最年轻的一批人,他们白天穿梭于办公室与教室,参加各种各样的会议与活动,晚上奔走于学生宿舍,特殊情况要出没医院、派出所、车站,辅导员也是与学校各部门联系最多最紧密的一群人,组织部、宣传部、学生处、团委、就业、党校、后勤、教务处、保卫处、图书馆、财务处等等,每个活动中都会看到他们,他们能记住每一个学生的名字,知道每一个人的特点,了解每一名同学的所需,他们的电话24小时开机,无论几点,只要有召唤,就会立刻赶去处理问题。

朋友圈里分享一个小段子,新时期辅导员的标准"上得了课堂,跑得了操场。批得了作业,写得了文章。开得好班会,访得了家长。劝得了情种,管得住上网。解得了忧伤,破得了迷惘。管得住多动,控得住轻狂。受得了奇葩,护得住低智商。查得了案件,打得过嚣张。"戏谑之言透露出这支队伍的工作性质与内容。

辅导员的工作是崇高的,职责第一条就是引领大学生思想,但现实工作中,确实有很多繁琐的事情分散精力,怎么调节好时间和工作,这是我和所有战友要考虑的。

我要规划自己未来十年的工作生涯,让自己成为一名优秀的辅导员,因为辅导员不是什么人都能干的,也不是干成什么样都行的。

2012 年 11 月 24 日

文化强国

听文化强国这个词已经很久了,但一直没去深入了解和研究,没想过大学生在文化强国的建设过程中扮演什么角色,贡献什么力量,国家在发展的过程中除了军事、经济等硬实力的提升,文化素质、精神理念的软实力建设也很重要。

从一个武器靠缴获的年代到现在遨游太空、探索深海、航母下水、五代战机升空、导弹打击范围不断扩大,从百废待兴到经济飞速发展,半个多世纪,中国走出了一条让世人刮目相看的道路,国力提升让全世界不敢忽视中国声音,硬实力固然重要,在一定时期能起到关键性作用,但这只是阶段性,不能居于核心竞争力,软实力产生的效力是缓慢的、长久的,而且更具有弥漫扩散性,更决定长远未来。

软实力重在一个"软"字,这种软的力量具有超强的扩张性和传导性,可以超越时空,产生巨大的影响力,我们绝不可因为它的内在形式而忽视它的存在,也不能把软实力当作"软指标"视为可有可无。中国古人的智慧是伟大的,很早就明白了以柔克刚、水滴石穿的道理,一切看似坚不可摧的物体必定有它的软肋,无论是形式上的还是意识形态上的,总能找到突破口。

软实力需要长期的艰苦建设,绝对不会像有些硬实力项目那样可以一蹴而就,软实力主要依靠自己独立建设,不可以模仿或依靠外援,也不可以通过交易的方式取得,而硬实力却可以依靠外力完成,可以通过交易的方式取得,软实力建设比硬实力更缓慢,不具有速效性,因此,软实力比硬实力建设更难。

新中国成立初期,留学海外的人才听到祖国的召唤,冲破层层阻挠,毅然回到新中国参与国家建设,对于一个拥有十几亿人口的泱泱大国,几个人的力量是明显不够的,所以,整体提升国民文化素质迫在眉睫。

中国从封建社会到半殖民地半封建社会,教育体制落后,文化科技没有发展,人才培养模式遭到破坏,原始农业人口居多,工业基本停滞不前。新中国成立后,这一切才开始得到重视和改变,从乾嘉时代的"训诂考据"走向道咸年间"通经致用"的近代新学,从救亡图存运动的失败到新文化运动的兴起,从"民主"与"科学"精神的启蒙到马克思主义的广泛传播,从传统社会观念到教育、卫生、科技等领域的现代化转型,在中华民族寻求复兴的漫漫征程上,文化领域风雷激荡。

新中国历届领导人都非常重视人才培养,几代人的努力才有了今天新的局面,国民素质较之过去有了很大变化,但这才刚刚开始,我们应该清楚地看到自己与世界强国的差距,这种差距不仅是经济,更多的是理念。

一个民族,只有文化体现出比物质和资本更强大的力量,才能造就更大的文明进步,一个国家,只有经济发展体现出文化的品格,才能进入更高的发展阶段。马丁·路德曾经说过:"一个国家的前途,不取决于它的国库之殷实,不取决于它的城堡之坚固,也不取决于它的公共设施之华丽,而在于它的公民品格之高下。"

建设文化强国不是一句口号,更不能简单地理解为学习文化知识,十年树木,百年树人,作为社会中的个体单元,提升软实力,增强国力,建设文化强国,我们在路上。

2012 年 11 月 28 日

网团,我们在努力

五月令人向往,值得赞美,1919 年 5 月,中国热血青年作为一支新生的社会力量登上历史舞台,掀起了伟大的五四爱国主义运动。

今天学校召开了隆重的"五四"表彰大会,美术与设计学院获得很多荣誉,学院团委获得了全校优秀微博团组织,团委学生会的微信公众平台获得了全校师生最喜爱的"团小薇"的称号,这两张荣誉证书背后融入了很多学生干部的心血,一年 365 天的努力,无间断的网络传播取得了今天的成绩。

新媒体是这个时代引领团员青年的重要方式,可以自豪地说,美设学院走在了前列,无论是微博微信,还是主页博客,只要有青年在的地方,就有我们活跃的身影,各团支部的微博如雨后春笋般茁壮成长,团委学生会的微信关注度越来越高,内容也越来越丰富,学生会在中国大学生在线的主页访问量与日俱增,服务广大同学的作用也越来越强,这些成果都是来自于团委网络建设办公室。

忘不了数十台电脑一起工作的场景,忘不了为了内容,面红耳赤的争执,忘不了微博听众刚过百时大家的激动,忘不了为了几百元的会员费用,卖报纸时的心酸,忘不了大家为评比做出的辛苦努力。

团委微博从思想引领、教育学习、生活常识、旅游娱乐等很多方面帮助同学。微信平台从开通的那天起就没有间断过更新。同学们过节会收到学院的祝福,放假会收到老师的安全提示,考试周会收到注意事项及考场安排,跳蚤市场为同学们搭建了物物交换的便捷平台,诚信小故事告诉大家做人的准则,等等。

采编、整理、写稿、审核、发文、反馈,小编们每天都在网络的各个阵地上耕耘着,同学们,携手努力,抛弃一切浮华,让美设精神在"微"视域下发扬,让更多的同学受益。

2014 年 5 月 9 日

我的大学

中央电视台新闻频道推出了系列节目《校训是什么》，我每集都看，用几十集介绍一所百年老校，不难，而用短短几分钟去概括，不易。校训是完美的切入点，校训是高校的灵魂，更是一所高校的精神与方向。

昨天，播放了西北师范大学，在度过110岁生日的时候，让更多人知道了这所处在大西北的学校。西北师范大学的校训是"知术欲圆，行旨须直"，这是出自曾任国立西北师范学院院长的著名语言学家、文学家黎锦熙先生1947年的题词"知术欲圆，行旨须直；大漠孤烟，长河落日。"意为在做学问上要解放思想，灵活多样，在行为举止上端庄正派，直道而行。校训从为学、做人两方面为西北师大的师生提出了遵循的准则，影响着一代代的师大人。

学校历史悠久，前身为国立北平师范大学，发端于1902年建立的京师大学堂师范馆，几经变迁，经历"七七事变"后来到西北，70多年来扎根西北，为西部基础教育、民族教育、农村教育做着贡献。2000年我考入西北师范大学敦煌艺术学院美术学系，首任系主任由著名美术教育家吕斯百教授担任,美术学院历史上群贤汇集,先后有吕斯百、常书鸿、洪毅然、刘文清、方匀、韩天眷、汪岳云、黄胄、陈兴华、张介平等先生。这些艺术先贤为学院奠定了深厚的人文基础,形成了规范的教学管理体制,树立了教书育人的良好学风,为中国现代美术教育做出卓越贡献。

清晰地记得当年教授过我专业课的老师们。杨国光教授笔下的牛苍劲有力,韦自强教授画的仙鹤栩栩如生,李葆竹教授的人物屡获国家大奖,廖国柱教授的山水大气磅礴,包建新教授的书法线条流畅,如今这些教授都已退休,他们严谨的治学态度影响着美院师生。王宏恩教授致力于敦煌文化的研究,他给我们带来很多专业之外的知识;吴怀信教授温文尔雅,山水画别具一格;曹瀚教授的综合绘画带来视觉冲击;从美国归来的张玉泉教授用一场场讲座为学生打开了解世界的窗户。

大学毕业时,每一位教授都亲笔在我的纪念册上写下鼓励的话,谆谆教诲时刻提醒我在未来的人生道路上努力拼搏。我怀念大学生活,想念我的大学老师,在"知术欲圆,行旨须直"的西北师大校园里留下了最美的青春年华。

2014 年 10 月 27 日

绽放的花朵

如果说哪一项校园文化活动能让全校轰动,一票难求,哪一项比赛让各个学院全力以赴,争先恐后,我想每一个师大人都会脱口而出"红舞鞋"。

不参与其中的人很难理解红舞鞋能带来什么?如果让我形容就是五个字,痛并快乐着。会跳舞和跳好舞是两个概念,跳好舞和上台表演又是不同层次的要求,把一个个身体硬,甚至有点不协调的男生训练成舞蹈演员,过程有多难,可想而知,最开始的几天压腿、劈叉、下腰等训练更像是"虐待",狼嚎一般的喊声让人听着都疼,摔爬滚打、大跳空翻,每一个高难度动作完成的背后都是无数次的失败与重新开始。当一个章节结束,大家会兴奋地鼓掌,给自己鼓劲,忘记了腿上的伤疤还没有痊愈,忘记了扭伤的胳膊还隐隐作痛,沉浸在小雀跃中,所以舞蹈又是快乐的,在一旁观看,很容易被气氛感染。

团队的力量是无穷的,台上虽然只有 20 名演员,而台下为此奉献的工作人员却有很多,比如占舞房就成为两个月内最重要的工作之一。学校有 6 个舞房,除了承担舞蹈系的课程,还有同学们的排练。每天下午不到 4 点,值班的学生干部就要到舞蹈房四周活动,看见哪间教室没有排练,立刻就冲进去"占领",静静等待演员到来。还有化妆,比赛当天,办公室及临近教室全部贡献出来做化妆间,情景就像春晚后台一样,脸上的彩妆、身上的图腾、所用的配饰全部是由同学自己完成,精彩的造型设计已成为美术与设计学院的招牌。

每个师大人都和红舞鞋有着说不尽的情结,而我只是其中一个,我把对红舞鞋的关注凝结在文字里。备赛的日子,各楼宇间的公共大厅里都是排练的同学,没有舞蹈教室,没有专业老师,没有灯光音响,寒冬三月,他们在冰冷的大理石地面上,用手机放着音乐排练,此情此景让人感动,与其说大家是为了荣誉而战,不如说是为了热爱奉献。从比赛中学习,在比赛中成长,通过比赛加强集体主义观念,前进的道路上不是一个人在战斗。

《乐记·乐象篇》中说道:"诗,言其志也;歌,咏其声也;舞,动其容也。"《阮籍集·乐论》中记载:"故歌以叙志,舞以宣情,然后文之以采章,昭之以风雅,播之以八音,感之以太和。"艺术形象本于人的内心,然后才有乐舞的外在表现。舞蹈通过真、善、美的形象诗化人们心灵,感染人们的思想与品质。台上动听的旋律,优雅的舞姿,这一切都诱发着人的感知与美的追求。

舞蹈的灵魂是音乐,音乐是人类共通的语言,舞蹈是无法离开音乐的,目的在于配合音乐传达其内心的情感,在舞蹈中能将自己感觉最真的一面表现出来,如恋人之间一首伦巴是多么柔情蜜意,激情似火时一首探戈又是多么的豪情。

舞蹈使我们将所有情绪一同抛出来,这就是"真"。音乐是无形的,它可以扣人心弦、撼动人心,由舞蹈的律动,跳跃的音符,使朴实的灵魂升华,用舞蹈来丰富生命,由肢体语言来表现内心世界的喜怒哀乐,举手投足之间蕴涵着永恒与旺盛的生命力。舞蹈在建构自己的艺术大厦时,情要真,意要深。只要情真意深,形象必然丰满,作品的哲理品格也会透过情节自然浮现出来。

尼采说:"人类的生命,不能以时间长短来衡量,心中充满爱时,刹那即为永恒!"世上有什么是无价的?人的情感就是无价的。什么又是艺术?艺术即透过艺术品或表演,使人的情感得以传达。所以艺术是无价的,也是永恒的,舞蹈则是艺术表现的最高境界。在比赛结果出来之前,我写完这些文字,相对结果,我们享受了过程,如果把美设学院的舞蹈队员比作是花朵,那么在今晚,她们绽放了。

　　年年岁岁花相似,岁岁年年人不同,这就是我和红舞鞋的故事。关注红舞鞋的人很多,有刚入学的新生,有毕业多年的校友,也有年近五旬的领导、老师,是红舞鞋把大家紧紧联系在一起。在外人眼里,这只是普通的一场校园文化活动,而对于师大人来说,这是一种情怀。

2014 年 11 月 28 日

冬日畅想曲

冬日的校园静怡、美丽。送走春天的娇柔,夏天的狂热,秋天的多彩,在寒风中,天津迎来了今年的第一场雪。清晨的校园里满是拍照的同学,朋友圈也被各种雪景刷屏,在雾霾笼罩的城市,大家对雪,对清新空气非常期盼。点、线、面完美的结合,构成了校园随处可见的风景,如范宽笔下的《雪景寒林图》,又如王谔笔中的《瑞雪凝冬图》,中国传世名画的意境在雪中的校园同样能感受得到。

搬进新校区已经七年,对这里的一草一木都已熟悉,知道哪座建筑更能代表师大,哪里的角落更美,哪里是大家最爱拍照的地方,哪里的景观别具一格。漫步在被白雪包裹的校园中,无需刻意去寻找,随处都是景,随处都是画,这种美不同于春、夏、秋,这种美让人安静,让人放松。"钢笔尖"上有白鸽在飞翔,秋水湖畔的芦苇已上霜,冬天像一曲优雅的古典音乐,飘落的雪花仿佛跳跃的音符,当曲终散去后,每个人都会沉淀出心底那份沉静和纯洁。

厚厚的白雪盖满了整个校园,雪与成片的树木构成一幅静美的画卷,吱嘎吱嘎的声音从脚下传来,如有韵律的节拍,掀起我心中小小的波澜,过往美好的日子在脑海中拂过,生活就像纵横交错的枝杈一般,纵使千头万绪也能理出思路,找到始终。压力如同松针上的白雪,只要能坚持住,不屈服,阳光一晒,白雪即化,压力便无。

如果说春天带给人们的是生机与活力,夏天带给人们娇艳与浪漫,秋天是成熟与多情,那么冬天因为寒冷、洁白给人以思考和对未来的期待。冬天的校园只有灰色与白色,很容易让人产生疲劳,看似单调的色彩中蕴含了丰富多彩的校园文体生活,同学们的激情与热情丝毫没有因为寒冷退减:寒风中的马拉松比赛,音乐厅里的"红舞鞋",图书馆里的读书声,都为冬天注入青春活力。

冬天是画笔,把校园描绘成一幅素描作品,金钥匙湖不见了栖息的候鸟,美丽的花花草草都已枯萎,留下瑟缩在冷风中的躯体。只有芦苇,像坚毅的战士,依然挺立在冰冷的湖水中,寒风吹散柔软的芦苇花,散落在湖边、小路,那些柔软的花絮是它的梦,绿色的梦,重生的梦,冬天到了,春天还会远吗?它们淡然站立,不畏严寒,陪着日升日落,它们在等待来年的万物复苏,等待春天的光顾,待春花烂漫时,芦苇青葱翠绿的叶,轻柔白嫩的花,伴着煦暖的阳光在春风中微笑……

最美丽的风景,莫过于千万遍的怀念。纪念园承载着师大人对过去的留恋,银装素裹的礼堂与晚亭格外美丽,这是从老校区整体搬迁过来的建筑,它们见证了师大的繁荣。从校园步入职场,从学生成为老师,我与师大共命运,同呼吸。一届届同学从师大走向社会,从青涩到成熟,聚是一团火,散是满天星,今天我以师大为荣,明天师大以我为荣,就让我们把荣誉镌刻在师大的历史中。

在心灵的春季,要学会自己耕耘,这样才能呵护复苏的秋苗;在心灵的夏季,要学会自己撑伞,这样才能独立走过悲伤的雨季;在心灵的秋季,要学会自我调节,这样才能不让自己沉溺在多愁善感里;在心灵的冬季,要学那冰雪中傲然挺立的芦苇,不屈不挠、坚韧不拔。

2014 年 12 月 8 日

我为校园添一笔

今天是"一二·九"运动 79 周年的纪念日,这是一个属于青春的日子,我们用独有的方式表达对爱国青年的尊敬,对母校的热爱,画笔是我们手中传递情感最直接的工具,看多了美轮美奂的照片,我们尝试换一个方式与角度看校园。

八里台老校区,每一个师大人的记忆,风风雨雨 55 年,这是师范大学的根基。墙上斑驳的印记记录着老校区厚重的历史,"勤奋严谨 自树树人"的校训引领我们走过最美好的青春年华。无论是礼堂前的老槐树,还是"聆听"雕塑、楼宇间的小商店,都深深地镌刻在师大人的脑海里。随着新校区的落成,八里台古朴的校园已不存在,如今我们只能从秋水湖畔的纪念园中寻找那种亲切,那种熟悉。

新校区的西门古朴庄重,初见它的人都会觉得非常普通,甚至有些简陋,与很多大学高大上的校门相比,显得"落伍",但如果了解师大的历史,就会对西门有重新的认识。在拆除老校区时,有心人精心挑选了原大门的砖瓦,把它带到新校区,西门就是按比例重新修建的,这些砖瓦也被用在新的西门上,泛黄的大理石是流逝的岁月,见证了一代代师大人为母校荣誉而做出的努力。

宛如一条灵动的鱼,雅艺楼与秋水湖相得益彰,这里充满欢歌笑语,这里五颜六色,这里是艺术的殿堂,有近 4000 名学子在雅艺楼学习,无论是画室还是影棚,无论是琴房还是剧场,都有莘莘学子穿梭的身影。音乐厅里动听的声音还未散去,新的节目单就已经出炉;刚铺满的颜色还未干透,新的画布已经做完底,艺术生为校园增添亮丽的一笔。

如果有人问师大最明显的标志是什么,我相信很多同学都会脱口而出"钢笔尖"。文体活动、社团纳新、整队集合等,位于主干道与食堂交界处的"钢笔尖"是学校人气最旺的一个地方,只要来师大,无论怎么走都绕不开这座雕塑。你是否还记得钢笔尖下的"百团大战"?是否还能想起"钢笔尖"下的青春快闪?站在这里,内心被"百年树人"的精神洗涤,我们在师大正书写着关于自己,关于青春,关于梦想的篇章。

学校占地 3600 余亩,一栋栋教学楼在昔日荒无人烟的土地上建成,在经过漫长的等待后,宏伟壮观的图书馆拔地而起。现代化的设施,丰富的资料,精致的馆藏,无不是每一个师大人的骄傲,清晨排起的"长龙",深夜还未熄灯的阅览室,图书馆是知识的海洋,是学子的港湾,图书馆里每月举行一次的书画展提升了师生的审美,陶冶了情操,为和谐校园贡献力量。

大学四年转瞬即逝,还未完全褪去青涩就将迎来别离,时间广场的日晷走过便是四年,每一个大学生都有自己的梦想,都在规划人生的未来与方向,师大学子四年的光阴都镌刻在这个时间轴上,时间广场上的小树茁壮成长,音乐喷泉每到夏天就会开放,它时刻提醒我们要惜时如金,一万年太久,只争朝夕。

《劝学》是《荀子》一书的首篇。劝,勉励之意,劝学,意在鼓励师大学子勤勉学习。劝学楼是新校区最早投入使用的教学楼,这里承担了全校公选课,也是开放自习室最多的楼宇。青,取之于蓝,而青于蓝;冰,水为之,而寒于水。我们从书本中汲取营养,融会贯通,从老师的讲授中学习知识,争取在学术上超越老师,学习不仅是继承,更是创新。

立德树人,尊师重教。立教楼是教育学部所在地,做学问先做人,在师范大学"勤奋严谨,自树树人"校训的鞭策下,走出了李继之、沈德立、徐大同等一大批德才兼备的专家学者,产生了全国道德模范王辅成老师,他们不仅在学术上出类拔萃,更是在品德修养上受人尊敬。沈先生生前始终坚守在本科教育一线,80多岁的徐先生每年都要参加开学典礼与新同学见面,已过古稀之年的王老师数十年如一日宣讲三观,德才兼备的师者在师大很多,他们言传身教,影响身边每一个人。

这里是第三届世界大学生桥牌锦标赛的举办地,这里是第九届全国大学生运动会的比赛场馆,这里是第六届东亚运动会的承办地,这里是天津大学生"三走"活动的启动仪式现场,这就是天津师范大学体育馆。没有激烈的比赛,这便是师大学生锻炼身体的主要场所,每天锻炼一小时,健康生活一辈子,师大学子以饱满的热情,抖擞的精神,昂扬的斗志迎接每一天挑战。

明理,明辨是非,知晓道理。明理是每一个人都要具备的品质,面对是非,我们要保持冷静的大脑和睿智的双眼,不随波逐流,跟风起哄,同学们在这里读书,在这里学习,学习书本知识,为人处世的方式。校兴我荣,校衰我耻,这里承载一代代师大人的希望,这里是理工科学生放飞自己的地方,博文明理,厚德载物,这就是明理楼。

博理楼里传出阵阵书声,每一所大学都希望培养出知识最广泛,技术最娴熟,对社会贡献最大的优秀人才。大学是我们的又一个家,老师、同学就是我们的家人,在这里广闻博收、互帮互助,我们希望每一个家人快乐生活,健康成长,希望每一名同学都能毕业后在工作岗位上做出骄人的成绩。

自从开展"三走"活动以来,风雨操场每天都聚满了锻炼身体的同学,健身舞团规模越来越大,足球场上的争抢越来越激烈,风雨操场是学校里最忙碌的活动场所,有多少新同学在风雨操场参加开学典礼第一次见到老师,有多少同学在这里迈着整齐划一的步伐接受军训的洗礼,有多少同学在运动会上为集体荣誉拼搏,又有多少同学在风雨操场举办的毕业典礼与大学生活告别,风雨操场见证了精彩的四年。

社科中心是学校中枢,各机关部门办公地,门前矗立着李继之先生的铜像,李继之先生是20世纪后期著名的教育思想家和改革家,当时教育界曾有"南刘北李"之说,"南刘"指的是华东师范大学的刘佛年,"北李"指的就是李继之。继之先生的师范教育思想不仅提出了我国师范教育改革的新方向,更重要的是他在 20 年前就提出正确的方法与思路,对今天的师范教育改革仍然具有现实的指导意义,老校长为天津师范大学的发展做出巨大贡献。

在 3400 余亩的校园里生活着 3 万余名师生,每到饭点时间,两个食堂热闹异常,甚至是一座难求,食堂的饭菜可口,干净卫生,每个窗口都排满取餐的同学,大家有序打饭,吃完后自己理餐,良好的习惯一点一滴养成。食堂的工作人员很辛苦,每天凌晨四五点就开始工作,为大家一天的饮食忙碌,他们在平凡的岗位上默默无闻地工作。

校园里有很多景观雕塑,有名师前辈的铜像,有象征着教师形象的"聆听",有大气的日晷,有地标"钢笔尖",在网球场的边上有组枫叶雕塑,不大但精致,吸引很多人合影。都说教师是园丁,培养祖国的"花朵",而师大是培养教师的地方,师生定当谨记责任与使命。花草树木经历播种、发芽、吐叶、开花、结实,人也是经历孕育、诞生、长大、挫折、成熟,万物都遵循这个共同的过程。同学情深,一起成长,枫叶知秋,相逢是缘。

学校里除了"高大上"的图书馆,还有"低奢内"的音乐厅。一票难求的"红舞鞋"在这里举行,提升人文素质的双周音乐会也在这里举办,音乐厅里留下了多少同学们辛勤排练的汗水,喜极而泣的泪水,有多少难忘的回忆都定格在音乐厅。第四届全国大学生文艺展演器乐项目就在这里举办,作为一名工作人员,每天都在音乐厅忙碌,团结协作圆满完成各项任务,当最后一首乐曲演奏完,音乐厅回归安静,迎接下一次演出。

从学校的西门一进来,一幢建筑最先映入眼帘,这就是研修中心。这座综合楼有很多功能,学工部、团委、援疆办在这里办公,新疆地区师资培训的老师也在这里住宿,清真食堂方便了少数民族同学的饮食,博雅咖啡为广大师生提供安静交流的场所,而校园纪念品商店更是同学们喜欢光顾的场所,研修中心极大方便了师生们的需求。

生活中的美要用心观察,当你在这里生活学习一段时间后,就能体会到学校的内涵。我们继续用美设学子的方式去表现学校,因为我们深深地爱这里。

2014 年 12 月 9 日

华丽的落幕

从进入展演团队的第一天,我就想每天写一篇博文记录大艺展,但到家后就一身疲惫,没有精神支撑我坐在电脑前更新。直到今天,重要的任务已全部结束,我就用研讨会前的休息时间写点文字,总结下这前前后后一个月的经历。

大艺展是教育部主办三年一届的全国大学生艺术活动,是目前我国大学生规格最高的艺术盛会,从首都北京到金陵南京,从西子湖畔的杭州再到海河之滨的天津,大艺展已经成功举办了四届。无论是第三届世界大学生桥牌锦标赛、第九届全国大学生运动会,还是第三届东亚运动会,建校五十周年庆典,展演团队的零失误都给我们承办此次展演的器乐比赛增添了信心。

假期休息成为梦想,早已订好的旅行计划也搁浅。寒假第一天所有成员到办公室集结领任务,大型活动的开展需要大量的前期准备,后勤保障、安保医疗、新闻媒体、环境美化、志愿者招募、礼仪培训等等,各部门在有条不紊地开展工作,我们展演团队需要负责各个省份高校的前期联系,来天津后的全部接待,日常走台排练及舞台乐器的布置及现场演出，15 名成员从进队第一天起就进入备战状态。

比赛每天都是辛苦的，早上 5 点半准时起床，6 点半要到音乐厅集合，最早的队伍 7 点要进入排练厅开始排练，8 点钟第一支队伍进入音乐厅走台，合光，一直持续到下午 4 点。晚上 6 点半，展演正式开始，33 支进入终审的队伍，几千人的调动，哪个环节出现失误，都会导致后续无法进行，每一道程序，不知演练了多少遍，才做到轻车熟路，最后一支队伍展示完，已到晚上 10 点。

辛苦的不仅是我们这些工作人员，还有很多志愿者。大家初三集结，被分配到各个岗位，每天微信群都更新工作状态，宿舍志愿者给上千名演员整理被褥，食堂志愿者 5 点就要到岗准备早餐，随队志愿者时刻跟在队伍里与组委会沟通一切事宜，展演志愿者将 33 支队伍的座次、乐器摆放位置铭记于心，调场志愿者来回穿梭候场室、排练厅与音乐厅，我们亲切地称大家为"小蚂蚁"，大家为展演的有序进行付出了辛苦。

当最后一支曲子演奏完，大家相拥庆祝，没有了白天的喧闹，一切又恢复平静，在送走了参赛的 33 支队伍后，学校又将迎来开学返校的 2 万余名学子，我也将闹钟从 5 点半调到 6 点半，准备迎接新学期。

比赛结束了，对于任何一支参赛队伍和为此付出努力的每一名工作人员来说，这都是最华丽的落幕。

2014 年 12 月 9 日

CHAPTER 9
第九章
奋笔疾书
2014 年高考作文

成长不需要独木桥

全国卷I

运动场上充满激情与热情,各种意想不到的事也会伴着精彩的比赛发生,比如新奇的造型,最新的科技,杀出的"黑马",等等,正是因为有太多的不确定才会让比赛充满魅力。

一年一度的趣味运动会召开了,为了缓解紧张的高考情绪,我们高三年级也参加了这半天的比赛,按照惯例,最激烈也是最斗智斗勇的项目"山羊过独木桥"压轴出场。

两个同学从两边走到桥中间,通过肢体的协调与平衡能力迫使对方掉下来,自己通过则获胜,想取胜不仅需要身体灵活,还需要勇气和小智慧,真正的"狭路相逢勇者胜"。1班和2班谁能最后登顶团体总分第一全看最后一搏,这两个连续三年"死掐"的老对手又站到了最后的赛场上。两个班无论是学习、文艺还是体育,都在较劲,每学期的综合测评下来不是你们第一就是我们夺魁,不相上下,我相信,高中阶段的最后一次比赛大家都会为了集体荣誉而战。

同学们的"加油"声响彻全场,代表两个班出战的都是班长,两个顶尖的学霸,他们是学校的骄傲,高中三年带领着各自的班集体取得了一个又一个荣誉。随着裁判的一声哨响,全场瞬间安静了下来,两位同学小心翼翼地通过自己的安全区走到中间,小伙伴们都屏住呼吸,等待激烈的对抗,但没想到的一幕发生了,两位"斗"了三年的对手竟然都站在中间没有主动进攻,就在我们还没明白啥意思时,只见两人互相拥抱,几秒钟后,胖胖的2班班长原地转身把瘦小的1班班长送到身后,两个人都顺利通过,在场的师生惊呆了,鸦雀无声,当两人站在桥的尽头时,全场响起雷鸣般的掌声,裁判们还在讨论这样的做法合不合乎比赛规则,但高三的同学早已不顾胜负,用欢迎英雄般的呐喊迎接班长归来,面对高考与毕业,只有高三的学生才能懂得这种同学间的友谊。

经过裁判的裁决,两个班都是第一,皆大欢喜,这不是一场单纯的比赛,而是超越了比赛的意义。在紧张的备考中,同学们享受了一个轻松的下午,对于高三学生而言是多么美好与难得。较劲了三年的对手不分胜负,在最后一刻握手言和,三年的赶帮超成就了两个优秀的班集体,最高领奖台对于每一个人都是最大的鼓励,互助双赢才是同窗之谊最完美的诠释。

"山羊过独木桥"是一场比赛,我们用实际行动证明了"比赛第二,友谊第一"。高考也是一场比赛,是人生中一个重要的节点,无论成功与否,我们都要长大,步入社会,在未来的工作学习中,不仅仅需要对手与竞争,更需要朋友与友谊,互帮互助,诚信友善,在成长的过程中,我们不需要独木桥。

2014 年 6 月 7 日

由喂食想起的

全国卷 II

　　能在自然保护区见到野生动物实属一件幸事,我国有大大小小上百个自然保护区,每个面积都有上万平方公里,这么大的活动范围内,人迹所及的地方十分有限,再加上环境恶化、偷猎等因素,野生动物数量不断减少,还有很多野生动物生活在人烟罕至的地方,所以说能见到它们是非常幸运的事。

　　要是能经常见到的话,媒体里也就不会报道东北边防军晚间执勤用夜视仪第一次拍到野生东北虎,四川摄影爱好者第一次在甘孜州拍到野生雪豹,陕西平河梁自然保护区用户外相机首次拍到野生大熊猫的新闻了。当然我上面所提到了都是珍稀物种,也是猛兽,在野外遇到它们并不完全是幸运的事情,不用你主动喂食,它会主动找你。

　　我去过十几个国家级自然保护区,山林、草原、江河、湖泊,见到最多的野生动物也就是鸟、山鸡和松鼠,偶尔见过一次狐狸,激动不已。鸟在树上栖息,别说过去喂食,离得老远就飞了,松鼠的速度更快,看它的时间只能用秒来计算,对于近距离与野生动物接触是一种奢望,在这些前提下,你还有机会喂食吗?

有一年我在猕猴自然保护区游玩,门口警示牌提醒游客不要带东西,因为猴子会抢;不要和猴子对视,这会激起它们的斗志;不要单独行走,猴子也挑软柿子捏;更不要给猴子喂食,因为它会无休止地跟着你。进去后领教了它们的厉害,猴子根本不怕人,成群结队,分工明确,有的从正面进攻,有的从侧面掩护,有的从后面偷袭,同行十几个人背的包,拎的袋子,头上的帽子都被抢去,有女孩被明目张胆的"打劫"吓哭,有的人还与猴子搏斗,不仅东西被抢,手也被抓伤。我们连第一个景点都没到就连滚带爬地跑出来。在这种情况下,你还敢喂食吗?

野生动物和宠物不一样,宠物能驯化有"家教",靠人为饲养长大,而野生动物就是野外生存、自生繁衍、独立生存、不依靠人类存活,野生动物的魅力也是在于没有被驯化,完全的原生态,在这种前提下,人为的喂食,它们不见得领情,更不会像家里的小狗一样摇着尾巴过来吃完再亲近你。

我们并不知道动物的食谱,是爱吃肉还是爱吃素,爱吃咸还是爱吃淡。在动物园,经常见到游客手里有啥就往笼子里扔啥,连着外包装一起扔,一拨游客刚扔完,下一拨参观者继续扔,笼子俨然成了爱心的垃圾场。很多动物都是因为误食游客乱投的食物而生病甚至死亡。动物和人一样,也有自己的生活规律与饮食时间,无休止的喂食,它们也会胖,也会消化不良,也会不健康。再往大点说,野生动物要靠自己,过分投喂只会造成它们捕食的惰性,不愿再去自行寻找食物,靠施舍生存,其野性和自主生活能力下降,这将威胁它们的生存能力。喂不喂食并不是爱心的体现,而是素质、道德、知识与责任的体现。在这种定调下,你还好意思喂食吗?

亲近自然,亲近动物的途径有很多,而乱喂食是最常见也是最不得当的,体现爱心的方式也有很多,也不是扔一块面包就能表现出来的。平时生活中多注意爱护环境,拒绝买卖与杀戮,这才是与大自然,与动物和谐相处的关键。

2014 年 6 月 7 日

老规矩 新活力

北京卷

　　北京,中国的首都,政治、经济、文化中心,是一座有着三千多年建城历史、860余年建都史的历史文化名城,新中国成立以来,北京焕发了强劲的生命力,高楼林立,文化多元,经济发展,全国各地的人涌入北京,为这个古老的城市带来新的动力。老北京有自成一脉的民俗文化,这是世世代代的北京人生活的凝练,在他们的生活习惯里,有很多祖祖辈辈,口口相传的老规矩。

　　何为规矩?我理解为标准、尺度、规则、礼法。那什么又是老规矩?老例儿或者家风,也可以理解为习惯。好的习惯慢慢延续成了规矩,没有规矩,不成方圆。而坏的习惯积累就成了毛病,成了根深蒂固的陋习,所以说,老规矩也要分着看,辩证理解。

　　中国自古以来就是礼仪之邦,在五千年的历史文明中形成了完整的行为规范与道德礼仪,这些老规矩是全中国智慧的结晶。见了长辈要打招呼,老规矩体现了知书达礼;笑不露齿,话不高声,老规矩体现了家教涵养;忠厚传世,勤俭持家,这说明中国人为人处事的态度;不随便乱翻别人的东西,这规矩是对道德素质的要求,等等,老规矩影响了一辈辈的国人,这些不仅是北京的老规矩,而是华夏儿女的老规矩。

鲁迅先生有一篇文章叫《拿来主义》,文中把批判继承文化遗产,精炼准确地概括为"拿来主义",好的要继承,糟粕要摒弃。老规矩也是我们的文化遗产,社会在发展,时代在进步,老规矩除了要传承与发扬,更要与时俱进为它注入新的解释。如果我们都恪守"不许管闲事"这条老规矩,那么今年高考前,江西宜春那两名高三学生就不会见义勇为,夺取歹徒手中的刀,造成自身伤害耽误高考。还有去年高考,四川宜宾,女生考前昏迷,一男生毫不犹豫抱起女生直奔医院等,如果坚持老规矩,这些正能量怎么在社会中传递?践行社会主义核心价值观,实现中国梦,就一定要摒弃这些狭隘的老规矩。

规矩不仅仅是一种被动约束,更是一种自我展现,规矩不仅仅是教条,更是一个标准。规矩包含的信息量很大,可以评价一个人学习好,品德好,相貌好等等,而这些都是单一指向,如果评价一个人很规矩,这个规矩包括行为做派,思想品德,素质修养等,规矩是一个大概念。

北京是中国城市现代化快速进程的一个缩影,高楼与胡同、现代与传统并存。"爱国、创新、包容、厚德"的北京精神是老规矩在北京这片土壤上的延续。北京的老规矩也是全中国的一个代表,"爱国、敬业、诚信、友善"则是时代为老规矩注入的新活力。

2014 年 6 月 9 日

伤不起的芯片

天津卷

任何一种新产品问世都会带来争议,科技在给人类带来受益的同时也会产生负面影响。比如机器人越来越智能,但未来会不会失控,克隆技术完成复制与繁殖,但挑战了人类传统道德观念的底线;网络缩短了世界的距离,但对个人隐私又造成威胁。同样,超级芯片的问世,虽然让人变成了谷歌与百度,但问题也接踵而至。

面对芯片,我有几个疑问,这芯片是植入人的身体还是安装在随身设备里?材料里显然说的是前者,因为移动手机,移动 PC 早已完成了这种创新。如果植入身体,会不会对健康造成影响,如若没有,那么芯片的问世也推动医学的进步。

在知识爆炸的今天,新的知识大量出现,全世界的知识总量翻了几番,这植入身体的芯片是怎样完成升级的?如此大的信息量,是怎样在短时间内完成筛选并找到有用信息的?芯片怎样帮你理解知识,将文字转化为技能,学为所用,你又怎样消化这么多有用无用的知识?

人是学习的主体,我们实践、领悟,将文字转化为知识与技能,在不同的年龄段学习不同内容的知识,这是循序渐进的过程,既不可一蹴而就,也不可一劳永逸。《论语》"非生而知之者,故人生来即须求学。"《礼记》"学然后知不足。"这些道理告诉我们,学习对于一个民族是文明的延续,对个人是生存生活的需要,成长成才的阶梯。

学习不是死记硬背,而是融会贯通,学习的目的不是比知道多少,而是能理解多少,掌握多少。外国小女孩能脱口而出中国的古诗词,除了要具备能告诉她答案的芯片,还要有很强的语言能力和理解诗词的意思,否则芯片不就等同于标准答案,这小女孩的做法和抄袭又有什么区别?不理解诗词何意,知道它在哪一页又有何用,和圆周率背到小数点后几十位,买菜不会算账,生活不能自理的人又有何区别?

从电影《钢铁侠》里看到当托尼·斯塔克穿上了红色金刚战衣的时候便掌握很多作战技能,如同材料写的那样,随口一说,相关信息点就出现在他眼前,所以他有能力保护世界。换个角度,如果这个芯片被坏人掌握,后果不堪设想。我们以公平公开公正的标准选拔人才,大家在这一平台上充分施展才能,试想,如果一个平时不学无术但很富有的人植入芯片,而一个勤学苦练但家境贫寒的人没有钱买,那么又该以什么样的标准选拔人才呢?

学思并重,知行合一。"纸上得来终觉浅,绝知此事要躬行。""耳闻之不如目见之,目见之不如足践之。""博学之,审问之,慎思之,明辨之,笃行之。"这几句话的道理很容易明白,芯片只能告诉你答案,传授不了技能,只能告诉你文字,但说不清道理。幸好这只是假设,现实中还没有这样的芯片,我们只能从好莱坞大片里寻找无敌芯片的影子。

写到最后,我想说的是,无敌芯片,伤不起。

2014 年 6 月 11 日

美的回忆

广东卷

相册里有几张黑白照片,保存完好,那是我童年的回忆。

在那个年代照相对于每一个家庭,每一个人来说都是一件幸事。到照相馆去拍张全家福,家庭成员都要精心整理个人形象,早早地来到照相馆,在摄影师的指挥下拍照,照片洗出来,全家人围在一起看,嬉笑、讨论,这场景今天回想仍然让我感动,一张小小的照片承载的是全家人的幸福与梦想。

勾起回忆的是瞬间的感动与快乐,无论黑白还是数码,它把一刹那定格下来,只要你是这份感动与快乐的参与者或制造者,照片必定会带你穿越到当时的情景之中,无论过去多少年,只要看见照片仍会沉浸其中。

照片作为媒介打开了回忆的大门,重新经历美的历程。数码时代,照片成为记录的工具,随走随拍,与他人分享你的快乐,用照片代替文字表达心情,丰富了视觉,带来直观感受。

生活变好,美的东西越来越多,但节奏加快,留给我们发现美的时间越来越少。科技发展太快,传播途径太多,大家用不同的方式发现美。科技帮助我们便捷地捕捉画面,但也降低了对美精益求精的追求,缺少用心体会的过程,平庸的照片也就无法勾起回忆了,珍惜的点滴也被稀释。胶片时代就不同了,在那个年代,照相机是奢侈品,照片很稀罕,这让人们更加珍惜,所以并不是因为胶片或数码主宰人对美的追求,而是我们自己的原因,因为稀少而珍惜,因为容易而视之若无。

　　人作为这个社会的主体,是美的发现者也是美的创造者。马克思主义哲学认为人不仅是"认识主体",而且是"存在主体",人不仅仅只有物质和肉体,还有意识、情感、意志、思维,有自己的理想、抱负。

　　胶片与数码都是人发明的工具,是为人类服务的,在享受科技带来的好处时,不能让科技决定我们内心。黑白照片能让我们回忆过去,如今好的彩色摄影作品也能让人产生共鸣,归根结底,并不是因为照片的不同决定感情,而是人。黑白胶片渐渐泛黄,日益模糊,但回忆是美的。如果用心去发现,去体验,数码照片一样能带来视觉上的享受,美的回忆。

　　黑白胶片,数码彩色,时代变迁,内心不变,用心发现,真情体验,就会有美的回忆。

2014 年 6 月 12 日

人生的路与门

浙江卷

走不同的路，开不同的门，欣赏不同的风景，成就不同的人生。

《离骚》里说到"路漫漫其修远兮，吾将上下而求索。"意为，人生之路是漫长之路，是不平坦之路，你并不知道前方如何，我们在人生之路上要不断地求索，不断地追求，不断地奋斗，这过程虽充满艰辛，但能享受成功带来的快乐。我想屈原的这句话最能印证这段材料。

《故乡》里说到"其实地上本没有路，走的人多了，也便成了路。"在特殊背景下，鲁迅先生想表达的意思是，有了理想，还要靠行动，只要有努力，理想终会实现，实干才会有出路，否则理想就是幻想，是空谈，这也是"实干兴邦，空谈误国"的解释。

人生之路，探索之路，你在这条路上可以扎实地迈每一步，无论进展快慢，但要对得起走过的路。成功之门，凯旋之门，门既是一个阶段的总结，同样又是一个时代的开始，门的两头都是路，我们要做的就是迈过人生中不同的门。

门是了结。一段路程的终点，一份耕耘的收获，一段感情的结束，一段经历的句点。

高校的大门就是高中生奋斗拼搏的终点,走过了 12 年的求学之路,就为了"鲤鱼跳龙门"。

门是起源。下一段路程的起点,进入大学校门,知识结构,学习方法,生活态度等都会发生改变,这个门是人生中重要的门,并不是最后一道门,更不是高枕无忧的门。

门是关隘。在终点,大家都有自己的想法与选择,毕竟这条路行走不易,有的人在门前选择放缓脚步,这道门则成为关卡;有的人顺利通过了门,门就成了前进的助推器。门前是已知,让人踏实安心,门后是未知,让人迷茫恐惧,而要穿越恐惧,必要付出更为辛勤的努力,"故天将降大任于斯人也,必先苦其心志,劳其筋骨,饿其体肤,空乏其身,行拂乱其所为。"是继续拼搏还是安于现状,是勇往直前还是止步于此,门成了分水岭。

门是选择。每扇门后都是不同的风景,未知的路。万千条路也不尽相同,有的平坦,有的崎岖,有的看似平坦但陷阱不断,有的好像荆棘密布但仍能达到彼岸。在人生的路上,会遇见困难、挫折、挑战、诱惑,是进是退,是正是邪,选择权掌握在我们手里,不要因为走上平坦之路而放慢脚步,更不要因为推开错的门而一错再错。

门是方向,路是方法,人生之路阡陌纵横,不会一帆风顺,成功之门四处林立,也并非只有高考才是唯一途径,人在世间,行于路,乐于途,入于门。

2014 年 6 月 13 日

观景与心境

山东卷

境由心造。"物随心转,境由心造,烦恼皆心生。"

窗外的景色美不美不在于它本身,而是在于观察者,这与一个人的修养、学识、情操、道德,包括当时的心情有直接的关系。暂且不说景美不美,就是何人在何时、何地、何种条件下观何景,我就能勾勒出许多场景来。

自然界中的风景能满足我们的视觉,更能涤荡心灵。良辰美景,高山流水,断桥夕阳,蓝天白云,我们很容易产生联想,并从中发现自己,产生人生感悟。看到出生的太阳,仿佛看到美好生活的开始,无垠的大海象征着博爱胸怀,潺潺小溪能平和我们焦躁的心情,广袤的草原能放飞我们的理想。

苏东坡看到明月,想到人生悲欢离合,林黛玉看到落花,痛惜红消香断,郑板桥借竹子表现个人修养及对当时社会的态度。自然界带给人类的是从感官的享受到心灵的启迪,最终到人生的体验。自然界中凡是能够体现生命价值的形象和境界,必然是美的。

相由心生。"世事无相,相由心生,可见之物,实为非物,可感之事,实为非事。物事皆空，实为心瘴，俗人之心，处处皆狱，惟有化世，堪为无我。我即为世，世即为我。"

人若心善，看的景则善，心中充满希望与美好，景色自然怡人，这种善也能体现到对自然的热爱，环境的保护，与自然的和谐相处。若心本身就蒙上一层阴影，再美的景也黯然失色，这种恶表现在对美的熟视无睹，更直接反映到对环境的破坏上。

自然，早就被很多艺术家借鉴来映照人生，而它本身也因此获得人性化的处理。本来，在传统艺术中，自然万物也只有和人生价值相联系才具有审美意义，在艺术实践中，许多艺术家则把自然看成了人生底蕴的借鉴。英国浪漫主义诗人华兹华斯写过这样一段话"我学会如何看待自然，不再像没有头脑的青年一样。我经常听到那平静而悲伤的人生音乐，它并不激越，也不豪放，但却具有纯化和征服灵魂的浩大力量。"

窗外的景是实体的景，是属于大家的景，我们内心的景是虚拟的景，是个人的景，这一实一虚互相映照折射出心境。"结庐在人境，而无车马喧；问君何能尔？心远地自偏。采菊东篱下，悠然见南山。山气日夕佳，飞鸟相与还。此中有真意，欲辩已忘言。"在陶渊明的诗句里能体会到他的内心勾勒出所向往的超凡脱俗，清心寡欲的生活，是很自然地描述人生追求，这是一种忘我，是一种"天人合一"的情怀。

眼睛是心灵的窗户，要用小窗户去看大世界。人，不仅是社会美的中心，也是自然美的核心。美与生命同在，美的发展是生命的进化和人类完善的历程。窗前观景，观的不仅是景，更是心境。

2014 年 6 月 14 日

谁动了我的剧本

安徽卷

剧本与演戏，一个是指导，一个是运用。

剧作家是参谋，演员是各兵种，参谋制定严谨周密的作战计划，要想胜利必然离不开各兵种的配合，反过来说，如果没有计划，人人各自为战，也会乱成一锅粥。剧作家设定主线、剧情发展方向，演员随着剧情的发展和需要，融入自己的思想，剧本是大纲，演员是细节，剧本搭骨架，表演是血肉，只有二者通力合作，才会有完美的表现，这就是我对材料的基本理解。

突然想到一个问题，无论是剧作家还是演员，在争论过程中忽视了一个群体，那就是观众。参谋再聪明，战士再能打，计划再完美，战术再成功，也得需要根据地吧，没有大后方的支持，你拿什么打，同样，剧本再完美，表演再精彩，没有观众看，估计出品人也不会买账。

剧作家和演员从自己的角度出发讨论剧本该不该修改都没错，要么是尊重原创，体现作者对艺术的追求，要么是融入自己的理念。从个人习惯来说，我也不愿意别人修改我的作品，我创作出的东西是经过深思熟虑的，融入的是个人对作品的理解，对生活的态度，好的作品不是凭空捏造出来的，而是来源于生活，来源于创作者的亲身体会。

演员表演接近生活，接近大众，用丰富的表情，生动的表演，诙谐的语言，反映生活中的状态，从他们塑造的人物能找到现实生活中的影子，从经典桥段中也能得到启示，在大笑之后会有思考，这种思考并不是苦行僧般艰辛的领悟，而是在快乐中探寻。

术业有专攻，剧作家与演员是两个职业，虽然有密不可分的关系，但角色完全不同，对剧本的把握也不同，剧作家创作时会为每一个形象设定性格、语言、外表、经历等，一气呵成。完整性是好剧本的共性，演员更多的是把握自己角色，从这个方面来看，演员随意更改台词会对整部剧产生影响。演员演戏是本职，剧本该是创作者的事。

一个优秀的演员不会把演戏理解为念台词，他会走入剧中人物的内心世界，去适应虚拟人物，而不是让虚拟人物顺着自己的性格来。剧本不好可以不接，但接了就等于认可剧本，这个道理浅显易懂，可以在表演的过程中根据需要做个别小修改，但若要是大动，原创者能答应吗？

至于这样的争论，不如一开始就完善剧作家与演员的合约，有规则才会有发展。评价戏的好坏，最权威的是观众，观众喜欢才是对剧作家和演员最好的褒奖，从一名普通观众角度出发，我期待看到更好的作品，期待中国的"罗伯特·麦基"。

2014 年 6 月 15 日

我愿陪你看繁星

辽宁卷

谁能说清楚爷爷他们这一辈人经历了什么，战争、自然灾害、背井离乡、吃不饱穿不暖，我只有通过影视作品才能回到他们的那个年代。

我的爷爷是地地道道的农民，生在农村，长在农村，生活在农村，就是父亲进城工作安家后，爷爷也只是象征性地过来住几天，他觉得城里生活太清闲，没意思，他忘不了老家的那几亩地，那两头牛，忘不了家里的苹果树，更忘不了农村的那些老街坊。

每年春节我回老家住几天，农村小伙伴们的前呼后拥满足了我极大的虚荣心，在农村的传统观念里，长孙必然受到关注，爷爷对我的爱是无尽的。在压岁钱还是 5 元 10 元的那个年代，爷爷每年给我的压岁钱都是 100 元，在压岁钱涨到百元甚至千元的时候，瘫痪在床的爷爷给我的压岁钱还是 100 元，在他眼里，100 是最大的数，是最大面值的钱，这 100 元已经超过钱本身的意义。

爷爷饱经风霜，当父亲还很小的时候，他为了补贴家用，经常出门干活，一走就是很长时间。爷爷手很巧，虽皱纹与老茧密布，可做出的东西美观实用，爷爷用扁担给我削了一把宝剑，拿到城里来，吸引了很多小伙伴的眼球。爷爷勤俭朴素，这是那个年代所有人的印记，因为他们过怕了吃不饱的日子，所以格外珍惜粮食。

儿时，每年暑期，我都要回到农村老家住些日子，体验生活。白天跟着爷爷下地干活，一出门就是一天，我们边走边聊天，累了他就背着我，满山的蝴蝶和我们同行，爷爷抓了蚂蚱让我玩，自己做农活，我吵吵着馒头没味道，他就搭起简单小灶为我烤土豆，烤玉米。晚上在院子里听他说话唱戏，农村的夜晚非常安静，晚上 9 点左右大家就入睡了，漫天的繁星伴我们入眠。寒假回去，我陪爷爷赶集，爷爷逢熟人就说："这是我大孙子。"年三十晚 12 点，农村的老例要去山上的庙宇拜神，祈求来年风调雨顺，爷爷带着我慢慢地走在山间小道上，下着雪，迎着风，却不冷，因为有爷爷的大手牵着我。

爷爷没有太多文化，但他讲的道理非常受用，他把自己的经历，看到的世间百态用最朴实、最简单、最易懂、最直接的语言告诉我。爷爷没有太多积蓄，但他把最大面值的钱给了我，爷爷一辈子都没对奶奶做过什么浪漫的事情，但他的那份爱在今天看来是多么的单纯美好，爷爷没有太大本事，但他用双手拉大了 5 个儿女，爷爷没受过什么教育，但他讲出的正是自己参透的人生道理。

爷爷已经离开我十几年了，回忆过去仍充满无限感动。我怀念和他一起下地，一起赶集，我怀念他宽大的肩膀，厚厚的双手。儿时和爷爷一起在院里看繁星，如果今天他还健在，我仍然会避开满城霓虹陪着爷爷一起看繁星。在我心里，爷爷就是最亮的那颗星。

2014 年 6 月 16 日

勿以善小而不为

重庆卷

《三国志》里有这样一句话"勿以恶小而为之,勿以善小而不为。"意思是不要认为坏事很小就去做,不要认为好事很小就不去做。

首先要说明,这绝不是说游客没有把玻璃碎片分开放并注明就是在做坏事,因为在现实生活中,这样的情况随处可见,并不是故意去伤害他人,就是一种生活习惯,不自主的意识,图省事就放在一起,垃圾分类的道路还很长,我们才刚刚起步。房东的举动是实实在在做了一件善事,细微之处体现出先进的意识,无论是从为他人着想的角度出发,还是从垃圾分类,注重环保的问题考虑,房东都是一个品德高尚的人。

房东不是为了赚钱而租房。游客想住,房东还奉劝他试住几天,适应了再租,在旅游胜地,这5天试住的费用非常可观,所以能看出房东更多的是注重品德。房东能在要租的房间摆放精美玻璃杯,说明老人的品位与对房子的爱护,他是把承租人当成了家人对待,才会这么上心。

房东很大气,当得知精美的杯子摔碎了,没有指责,反而用平和的话语打消了租房者的怂恿,能在度假时遇见这样的人是非常幸运的事情。房东防止垃圾伤人,小心翼翼进行分类并贴签注明,说明他的境界。故事到这里已很圆满,可美中不足的是,房东不该下逐客令,游客没有注意细节,可以教他,帮助他认识问题,改变做法,一个好人力量有限,如果一传十,十传百,形成良好风气,才是社会的进步。

网上流传一组清洁工的手被垃圾里的利器划破的照片,看着让人心酸,其实我们在扔垃圾时就是多一道程序那么简单,但很多人并没有去做,也许觉得这事情太小,做和不做没有太大效果,日常生活中,被忽略的小事情才是对社会,对他人做的最大贡献。不仅捐款捐物是善,不仅扶危助困是善,只要心存善念,一点一滴都是善。

生活中,心存感恩,多为他人着想,会发现帮助他人与受人帮助,理解他人与被人理解,尊重他人与受人尊重都是相互的,勿以善小而不为,只要人人都献出一点爱,世界将变成美好的人间。

2014 年 6 月 17 日

站立的意义

四川卷

　　站立，不仅指身体上的站立，更代表一种精神上的独立，站立区别于高高在上，卑躬屈膝，代表着自由、平等，1949 年开国大典上的一句"中国人民从此站起来了！"向全世界宣告了中国的独立，这句掷地有声的话语就是对材料里提到的"人，只有在自己站起来之后，这个世界才能属于他。"最完美的解释。

　　站立，指我们的信仰与信念。英国 19 世纪哲学家缪尔·斯麦尔斯在《品格的力量》一书中，转述马丁·路德的话，"一个国家的前途，不取决于它的国库之殷实，不取决于它的城堡之坚固之高，也不取决于它的公共设施之华丽，而在于它的公民品格之高下"。由此可见公民树立正确的理想信念对于国家的政治稳定，经济繁荣，国际地位的提高都有着十分重要的意义，树立正确的世界观、人生观、价值观能帮助我们理性对待发生的事情，使我们永葆清醒头脑。

　　站立，是心灵上的站立，让心灵站立需要博大的胸襟，有着不畏强权，不趋炎附势的人生态度。如果一个人只为自己着想，一心投机钻营，见风使舵，随时都会让自己的心灵下跪,即使他得到些许实惠,但长久地看,依然逃不脱恶性轮回,只有把自己的内心与社会的真善美结合起来,才能实现心灵的站立。

站立是一种姿势,从容、镇定、伟岸、大度等都包含于这个姿势之中,是一种超然的境界,凛然的气概,自然的风度,让自己的气质、意志、心灵、人格站立,以一种真诚去面对生活。胡杨树,生,一千年不死;死,一千年不倒;倒,一千年不朽;朽,一千年不灭。胡杨精神就是我们追求的人生目标。现实生活中,并非每个人都能站立成为直插云霄的擎天柱,但我们要站出一身正气,站出自己的骨气,站出坦荡的作风,不羁的性格,光明磊落的胸襟。

《站在历史的枝头微笑》里写到,人不能像某些鱼一样躺着游,不能像兽类一样爬着走,而是要站着行走,这才是人类应有的生存姿态。人站得高些,不仅有幸能早些领略到希望的曙光,还能有幸发现生命的立体诗篇,站立是人类的标志,把握现在,展望未来,只有从内到外的站立,世界才属于你。

2014 年 6 月 19 日

沿途的风景

湖北卷

人生如同登山，山脚下的人急于知道山上的风景，不断从下山的人那里打听，得到不同的答案，有感兴趣的也有无趣的，到底是上还是不上，上去如果没有自己喜欢的风景岂不白白浪费体力；如果不上去，倘若山上风光大好，又错失了欣赏美景的机会，于是陷入无限的纠结中。

带着纠结到了半山腰，是继续还是返程，也许山上风景和半山差不多，也许山上别有洞天，在分水岭处，不同的人做出不同选择。这是体力与毅力的双重考验，继续攀登到顶的人看到不同的风景，有人喜欢，有人觉得不值，每个人的爱好不同。有人庆幸自己登到山顶，有人后悔自己浪费时间，大家怀着不同心情下山，面对相同的提问，延续前人的回答。

"横看成岭侧成峰，远近高低各不同。不识庐山真面目，只缘身在此山中。"这首《题西林壁》是苏轼被贬路过庐山时作的，他描写了庐山多变的外貌，并借景说理，观察问题应该客观全面，不能只从自身角度出发。身在庐山中，视野为庐山的峰峦所局限，看到的只是一峰一岭、一丘一壑。游山所见如此，观察世间万物也常如此。全诗有着深邃的内涵，它启示为人处事的哲理，由于人们所处位置不同，看问题的出发点不同，对客观事物的认识难免有片面性，要认识事物的真相与全貌，必须超越狭小的范围，摆脱主观判断。

"飞来山上千寻塔，闻说鸡鸣见日升。不畏浮云遮望眼，自缘身在最高层。"王安石借写峰上古塔之高，表达自己的立足点之高，巧妙地虚写出在高塔上看到的旭日东升的辉煌景象，表达胸怀改革大志，对前途充满信心。人不能只看眼前利益，应看长远与大局，寓意"站得高才能看得远"的人生哲理。

我们不必把结果看得很重，登到山顶看景是很好，但必须要有充足的体力，如果缺少这个必备条件，登到山顶也只是空想。结伴而行，量力而行，怀着发现美的心去欣赏沿途风景也是很美的事情。

每个人都在前行，到达山顶的毕竟不是多数，人最难能可贵的品质除了坚持不懈，不畏艰险，还要充分地认清自己，审时度势。人生旅行，走过的路都将成为背后的风景，不能回头不能停留，不如享受每一刻的感觉，欣赏每一处的风景。

在有限时间内要想欣赏左边的群山，就要放弃右边的平原，要想欣赏右边的大海，就得放弃左边的小溪。要学会放弃，放弃从另一个角度讲是一种成功。要懂得珍惜自己现在拥有的，陶醉于群山，不要想着平原，沉迷于小溪，不要还想着大海。

登山如此，生活如此，感情如此，人生如此。人生不仅在于登高看远，更要细心发现，不仅要拔得头筹，也要耐住寂寞，比起最后的波澜壮阔，沿途的风景也是极美的。

2014 年 6 月 21 日

空 谷

福建卷

人生如旅行，前途如空谷，成长的道路不会一帆风顺，总会遇见困难与挫折，乐观的人总能在空谷中找到路，或者自己搭建通过空谷的栈道桥梁，悲观的人则把空谷看成悬崖峭壁，停滞不前，暮暮朝朝。人生在世，各有各的生存状态，各有各的心路历程，也各有各的价值观，这都是不能强求的。

空谷是一种境界，充满未知。正因为未来充满变化莫测的神秘，才叫人去憧憬，去盼望，去追求，去探寻，周而复始，人就是为无数个未知而奋斗的，正是有这些难解的未知数，人生才具有挑战，变得更有意义。

空谷是一种快乐与痛苦。要面对无法避免的各种痛苦，也没有永恒不变的快乐，我们拥有的平安、快乐和幸福，有时很快就会变成痛苦，尤其当灾难来临摧毁一切，快乐瞬间消失，代之而起的是烦恼与痛苦，每个人性格的不同决定了面对空谷的态度。

空谷是一种尊重，我们站在空谷中大声喊"你好"，空谷的回答也是"你好"，我们出言不逊，空谷的回答也是一样。生活中，要尊重身边的事，身边的物，一心向善，得到的也是善。

空谷幽兰形容一个人品德的高雅。幽兰,生于空谷,清香幽远,淡雅洁净,如闲云野鹤,不为人留,不为人开。幽兰,飘逸秀美,丰姿绰约,又超凡脱俗。正是有了空谷的静,才有了兰的灵,空谷给兰提供的不仅仅是生存空间,更多的是缥缈与清逸。人们每天都在忙碌,要给自己留一份净土,留一个空谷,保持内心单纯,与世无争,得大自在。

空谷是一种包容,我们用虚怀若谷来形容谦虚与包容,胸怀像深广的山谷,非常谦虚能够容纳别人和接受意见,无论你想到的是悬崖还是栈道,无论是你停滞还是前行,空谷都还在,你仍生活在空谷之中。

雨果曾说过:"世界上最宽广的是海洋,比海洋更宽广的是天空;比天空更宽广的是人的胸怀。"包容心力量博大,包容心是如此宽广,学会包容他人,就学会了生活;懂得包容的人,就懂得了快乐;拥有包容的人,就拥有幸福。用一颗安宁博大的心去包容一切,在喧嚣中体会清净,在无欲处享受快乐。

禅语"一花一世界,一叶一如来。春来花自清,秋至叶飘零。无穷般若心自在,语默动静体自然。"感受幽兰的呼吸,聆听心底的声音,走进空谷的深处,净土自在心中。

2014 年 6 月 22 日

AFTERWORD
后 记

　　2004 年,大学刚刚毕业的我接触博客,那时我只把更新博文当成写日记的延续,三两句话发个状态,记录心得体会与生活点滴。2007 年,我研究生毕业留校成为辅导员,国家对辅导员工作职业化、专业化的要求让我必须在工作中认真思考并寻找突破方向。

　　刚工作的那些日子,时任学工部部长的李鑫老师给予我很多指导与帮助,他建议我继续探索网络思政教育,我怀着"试水"的心态写下第一篇思政博文,短到只有 172 个字,十年前写博文更像是不务正业,自找麻烦,工作都干不完,哪还有时间码字。谁也没想到网络会发展的如此迅速,网络思政教育能够如此受到重视,更没想到我能成为一名网络上的"老司机"。

　　一线工作为我源源不断地提供灵感与素材,但因为年轻,没有更多思考,想到哪写到哪,甚至会吐槽,作为辅导员,不该将负能量传递给学生,学院党委书记陈元老师为我梳理思路,把握方向,我才意识到网络思政教育并不是发个通知,写个影评,而是成为一名教练型的辅导员,以文字的力量影响学生。在陈书记的启发下,我的博文开始转型。

我必须通过具体的课题增加相关知识,加深对新媒体的理解,但一个刚入职不久的辅导员申请课题是很困难的。在现任学工部部长李靖老师的鼓励下,我认真准备,积极申报,前后承担了两项省部级课题,研究方向都和网络思政教育相关,并把阵地从博客拓展到微博、微信,之所以在三个平台同步更新,是因为这三种媒介深受大学生喜欢,并在一定程度上影响同学们的行为方式。

2015 年之前我写的博文都很随性,这点能从此书的文风中感受到,从想把这些拙作整理成册到正式出版,已过去两年时间,不是我有"拖延症",而是不自信,觉得太小儿科。时任我校党委副书记史瑞杰教授得知我有出书的想法,百忙之中为书作序,我很感动,但过了这么久都还没出版,又很是惭愧。直到现任我校党委副书记宁月茹老师的温馨提醒,我才将印刷提上日程,宁书记亲自审稿,撰写引言,让我受宠若惊。

搞传播难吗?难,难的有点虐心。写什么?怎么写?写完了有没人看?是坚持自己风格还是迎合读者心理与阅读习惯?这些都是问题,传播不是闭门造车,孤芳自赏,而是需要读者的认同和自传播。个人的影响力实在微不足道,在激烈竞争下,我的个人平台陷入瓶颈期,就在我快要放弃的时候,宣传部长潘晖老师和副部长张家玥老师给了我一个大惊喜,在天津师范大学官方微信平台上开设了"家玮碎碎念"频道,自此,我走上了"网红"的这条路。

在网络中有了一席之地后,我几乎每天都在绞尽脑汁的策划,但正能量的文章在使劲洪荒之力推送后,阅读量依然不高,名人大咖随意转发一些生活琐事都能引起"吃瓜群众"的围观,我又开始迷茫了。学工部副部长马昕老师和我有过一次长谈,她让我将现有的思路整理成系列文章。于是,我将社会主义核心价值观、中华优秀传统文化与节日相结合,学习徐川节日谈的方式进行推送,一年下来,写下 52 篇节日随笔,20 万字,收获了几百万的浏览量,事实证明,这次尝试是成功的。

这两年,我在教育部中国大学生在线开设了专栏,成为新浪微博的头条文章作者,团中央、团中央学校部也多次转载我写的文章,这一切都要感激老师们的鼓励,同学们的支持。在校团委书记程勇老师的指导下,我组建成立了"手绘联盟",以图文并茂的形式在网上掀起最炫师大风,从"我为校园添一笔"到"征兵季",从"纪念长征胜利 80 周年"到"庆祝香港回归 20 周年",师大学子的原创手绘作品得到社会各界好评。

还要特别提出的是,这两年天津市教委与学校为我提供了很多学习与展示的平台,有机会到全国各地的高校交流分享,也认识了不少好朋友,同为一线辅导员,我们有很多相同经历,有说不完的话题。还要感谢两个团结奋进的集体,美术与设计学院学生工作办公室与团委、学生会,是他们对我的充分理解才证明了我的网络发声充满意义。

尽管我一改再改,但还是觉得有瑕疵,成书时间仓促、水平有限,不足之处在所难免,恳请广大读者批评指正。

2017 年 4 月写于天津